六大古都

程遂营 讲

程遂营 著

河南大学出版社
HENAN UNIVERSITY PRESS

图书在版编目(CIP)数据

程遂营讲"六大古都"/程遂营著.
—郑州:河南大学出版社,2014.12 (2023.3 重印)
ISBN 978-7-5649-1865-1

Ⅰ.①程… Ⅱ.①程… Ⅲ.①都城—介绍—中国—古代 Ⅳ.①K928.5

中国版本图书馆 CIP 数据核字(2014)第 312179 号

责任编辑　程新晓
责任校对　郑　鑫
版型设计　苗　卉
责任印制　陈建恩
封面设计　郭　灿

出版发行　河南大学出版社
地址:郑州市郑东新区商务外环中华大厦 2401 号　邮编:450046
电话:0371-22825012
网址:www.hupress.com
排　　版　郑州金点图文设计有限公司
印　　刷　河南文华印务有限公司
版　　次　2015 年 1 月第 1 版　　印　次　2023 年 3 月第 5 次印刷
开　　本　787×1092mm　1/16　　印　张　15.5
字　　数　160 千字　　　　　　　定　价　35.00 元

(本书如有印装质量问题,请与河南大学出版社联系调换)

目录

《程遂营讲"六大古都"》

自序 / 001

第一章　"金"之西安 / 001

　　一、黄金盛世 / 003

　　二、金城千里 / 013

　　三、金枝玉叶 / 020

　　四、金戈铁马 / 033

　　结语 / 047

　　附：历代建都西安一览表 / 049

第二章　"中"之洛阳 /051

　　一、天下之中 /053

二、人文中心 / 060

三、逐鹿中原 / 067

四、中庸之道 / 075

结语 / 087

附：历代建都洛阳一览表 / 090

第三章 "水"之开封 /091

一、因水而都 / 093

二、水运往事 / 102

三、不夜水城 / 111

四、载舟之水 / 121

结语 / 128

附：历代建都开封一览表 / 132

第四章 "诗"之杭州 / 133

一、城以诗名 / 135

二、诗画生活 / 142

三、如诗传奇 / 149

四、英雄史诗 / 154

结语 / 160

附：历代建都杭州一览表 / 164

第五章 "风"之南京 / 165

一、风水宝地 / 167

二、北风南韵 / 172

三、风流儒雅 / 180

四、风雨沧桑 / 187

结语 / 196

附：历代建都南京一览表 / 199

第六章 "和"之北京 / 201

一、天时地利人和 / 203

二、旷世和举 / 212

三、促和符号 / 223

四、和而不同 / 230

结语 / 235

附：历代建都北京一览表 / 237

自序
《程遂营讲"六大古都"》

我国有上下五千年的灿烂文明,城市发展的历史也很悠久。公元前2070年,夏朝的建立者禹,也就是大家所熟知的治水的大禹,把夏朝的国都设在了阳城,即今天河南登封的告成镇。从那时开始,我国出现了六类都城:1. 统一王朝的都城;2. 割据分裂时期的都城;3. 诸侯封国的都城;4. 边疆少数民族的都城;5. 农民起义政权的都城;6. 陪都。那么,到了今天,有幸成为以上这六类都城的城市有多少呢?220处以上。

这个数量是相当庞大的。为了理清头绪、便于研究,从上个世纪初开始,就有了"大古都"的说法。要成为"大古都"必须同时具备以下几个条件:1. 建都历史悠久;2. 地理位置和山川形势优越;3. 都城规模宏伟;4. 全国的政治中心;5. 能延续到现在。能够同时满足以上这5个条件的仅有北京、西安、洛阳、开封、南京、杭州、安阳和郑州这八座城市。于是,这八座城市就从220多处古都中脱颖而出,成为"集万千宠爱于一身"的城市之王,我们称之为"八大古都"。

"八大古都"中,安阳和郑州同属于商都,年代久远,文献和考古资料不足,特点又相似。所以,本次讲座只选择了其中六大古都进行讲述。

历史上,西安和洛阳曾是周、秦、汉、隋、唐时期的都城,为都的时间相互交叠,一东一西、交相辉映,可以说是六大古都中的"双子星座"。开封和杭州同是宋代都城,前后相续、文化相通,均以丰富多彩的城市经济和文化生活而知名,犹如"并蒂莲花",盛开在古代中国的大地上。南京和北京则与元、明、清乃至近现代中国的政治命运紧密相连,它们好似"南北双雄",一南一北、相濡以沫,同甘共苦、栉风沐雨,共同承担起维系中华民族大家庭稳定、发展、和谐、繁荣的重任。

而且,和人一样,城市是有鲜明个性的。结合六大古都的不同个性特点,也是为了讲述的方便,我分别用一个字来概括六大古都:"金"之西安、"中"之洛阳、"水"之开封、"诗"之杭州、"风"之南京、"和"之北京。

回想起来,我与以上这六大古都是很有缘分的。

1991年的夏天,硕士研究生毕业后,我来到了河南大学历史系,与古都开封结下了缘分。到今天,我已经在开封生活了24个年头,爱上了开封的小吃、夜市,爱上了开封的古城墙、潘杨湖。

1995年的春天,因为到杭州大学(已并入浙江大学)进修的缘故,我到杭州又呆了大半年。期间,几乎每个周末都要携三五好友畅游美丽的西湖,寻觅大文豪苏东坡"水光潋滟晴方好,山色空蒙雨亦奇"的美妙体验。

四年之后的1999年，我又有幸到了南京，在南京大学历史系攻读了三年的博士。流连忘返在莫愁湖畔、紫金山上、中山陵前、夫子庙里，感慨良多！

2007年的金秋，因为要去美国做访问学者，我又被选派到西安外国语大学，接受为期四个多月的英语强化培训。这样，又与古都西安结下了情谊。兵马俑的宏大气势、大雁塔的佛光宝气、碑林刻碑的妙曼书体、乾陵前漫长的甬道，都一次次给了我无法名状的震撼！

此外，因为喜欢旅游和业务工作的关系，我还曾多次到过洛阳和北京。

我喜欢六大古都！而且接触的越多，便喜欢的越深！

我爱她们的博大、隽永，爱她们的沧桑、厚重，爱她们的风流、雅致，也爱她们的大气、包容！她们曾经极尽壮丽辉煌、见过无数大场面，也曾久经战火的洗礼、遭受过磨难与屈辱。在六大古都，你可以陶醉在无数美丽的传奇故事中、徜徉在撼人心魄的文化遗存里，去触摸她们的高、大、雅、尚；也可以自由地在古街、胡同、鸟市里游荡，去体验皇城根文化的友善、乐活、自足和温情。

这就是六大古都，让中国人难以割舍的精神家园！

当然，六大古都的故事远不是短短六集系列片就能道尽的。可以说，在任何一座古都，哪怕是在城墙根晒太阳的老先生、在公园里遛鸟的老大爷、蹬着三轮车穿梭于古街胡同的大叔，甚至

在树阴下纳凉的老太太,一不小心就会给你倒出来一肚子的传奇。

所以,我是战战兢兢、如履薄冰地来准备这个讲座的。

在讲座基础上增添些背景知识、补充些历史资料,便是呈现在读者面前的这本小册子。如果读者朋友们阅后有一心得、有一感悟,于愿足矣!

程遂营

2014 年 10 月

第一章

"金"之西安

本章序

西安，一部鲜活流动的历史，一座兵马俑和羊肉泡馍并存的城市，一座可以让你和历史对话的城市！

这里，是中华文明和中华民族的重要发祥地、丝绸之路的起点；这里，有中国人最为珍贵的记忆；这里，浓缩着中华文明的遗传基因！

说起西安，你可能会想到被誉为"世界第八大奇迹"的秦始皇兵马俑，被视为古都西安象征的大雁塔和以温泉汤池著称的中国古代离宫华清池。可以说，这些都是西安的象征，也是人们对西安的印象！

历史上，曾经有17个王朝在西安建都（咸阳的建都时间也计算在内），建都时间长达1077年。其中，在西汉和唐代，这里创造了中国封建社会历史上的黄金时代。可以说，西安是六大古都中建都朝代最多、时间最长、影响力最大的古都！

那么，这座历史悠久、文化灿烂的城市在历史上究竟是如何成为都城的？它当时的发展繁荣又达到了怎样的地步？又是哪些主要因素造就了今天的西安呢？

本章将从"黄金盛世"、"金城千里"、"金枝玉叶"和"金戈铁马"四个视角为您解读"金"之西安！

历史上，在明代以前，西安被称为长安。总计有17个王朝在此建都，时间达到1077年。按照建都时间长短来说，西安是唯一一个超过千年的古都。所以，在六大古都中排在第一位，是古都中的古都、古都中的"大哥大"。

历史这么悠久、文化如此灿烂的一座千年古都，如何概括它的特点呢？

我想到了一个"金"字。

然而，这里要谈到的"金"，不是指西安盛产黄金，有丰富的金矿资源，而是有以下几层含义：

第一，西安成就了封建社会的"黄金盛世"。

第二，西安具备"金城千里"的地形优势。

第三，"金枝玉叶"和"金戈铁马"为西安带来了和平与安定。

下面，我们先说第一个"金"，即"黄金盛世"。

第一章 「金」之西安

一、黄金盛世

在中学历史教科书中,讲到了我国封建社会的三大盛世,分别是"文景之治"、"贞观之治"和"开元盛世"。所谓"之治"、"盛世"就是历史上最好的发展时期,其标志是政治稳定、经济发展、文化繁荣等。但令人惊讶的是,这三大盛世全部出现在建都西安时期。这是历史对西安的眷顾,也是西安城市发展史上的荣耀!

那么,盛世时期的西安是怎样的一幅生活情景呢?

"文景之治"、"贞观之治"和"开元盛世"被称为我国封建社会的三大盛世,它们分别出现在什么时候呢?"文景之治"出现在西汉文帝和景帝统治时期(前180~前141年);"贞观之治"出现在唐朝唐太宗统治的贞观年间(626~649年);"开元盛世"出现在唐玄宗统治的开元年间(712~741年)。所谓"之治"、"盛世"就是历史上最好的发展时期,其标志是政治稳定、经济发展、文化繁荣等。所以,可以说,以上这三个时期达到了我国封建社会发展的顶峰,成就了我国历史上的"黄金盛世"。而西汉和唐代建都在哪里呢?都在长安。汉唐时期的都城长安是全国的首善之区,也是全国的政治、经济和文化中心,所以,三大盛世时期也当然是长安城市发展的高峰时期,代表了长安历史上的"黄金盛世"。

这三大盛世,远的已经离我们2100多年,近的也有将近1300年。那时候的长安城到底是一种什么样的景象?我们已经不可能完全知道了,但仍然可以从一些文献记载中了解当时的一些大概情况。比如,"文景之治"以后汉朝出现了什么局面呢?

> 国家无事,非遇水旱之灾,民则人给家足,都鄙廪庾皆满,而府库余货财。京师之钱累巨万,贯朽而不可校。太仓之粟陈陈相因,充溢露积于外,至腐败不可食。
>
> ——《史记·平准书》

这段话说的是经过了"文景之治"后,到了汉武帝初期国家的经济状况。大意是说:整个国家太平无事,如果不是遇到水旱灾害,老百姓家家富足;首都和地方州县仓库里装满了粮食,国家府库有节余的财货。京师长安国库积累了巨万的铜钱，穿钱的绳子都断了，无法数清有多少。国家太仓的粟米一层压一层，装不下了露在外面，甚至有些都放坏了。可见当时的富裕情景。

汉文帝刘恒　　　　　　汉景帝刘启

（前180～前157年在位）　（前157～前141年在位）

史书中对唐太宗"贞观之治"的情况也有一些记载，司马光在《资治通鉴》中说：

> 天下大稔，流散者咸归乡里，斗米不过三四钱，终岁断死刑才二十九人。东至于海，南极五岭，皆外户不闭，行旅不赍粮，取给于道路焉。
>
> ——《资治通鉴》卷一百九十三

这一段记载说的是唐太宗贞观三年，即公元629年的情景。我们常说"民以食为天"，温饱问题一直都是老百姓关心的首要问题。上面这段记载首先说到了粮食问题：唐太宗贞观三年，天下丰收了，流离走散到外地的老百姓都返回了家乡。因为丰收，一斗米才卖三、四钱。然而，在唐初的时候，一斗米卖几百钱，唐代晚期更有斗米千钱的记载，这足以说明贞观三年的物价水平是非常低的。

接着，这段话谈到了当时的社会治安情况：贞观三年，全国只判了29个人死刑。当时全国的人口有多少呢？将近2000万。春秋时期的大政治家管仲曾说：

仓廪实则知礼节，衣食足则知荣辱。

——《管子·牧民》

国家府库充盈了，百姓丰衣足食了，就会守礼节、知荣辱，就不会去偷、去抢，所以，犯罪率才低。这充分说明了当时的社会治安局面是相当好的。

唐太宗李世民
(626～649年在位)

另外，"东至于海，南极五岭"家家都可以"外户不闭"又说明什么？说明国家安定了，不用担心有盗贼了；出门旅行更方便，根本不用担心没有吃的、住的。

不可否认，作为封建史家，司马光在《资治通鉴》的这段记载里会对"贞观之治"的状况有溢美、夸张的成分，但基本还是反映了当时的实际情况。

那么，唐玄宗"开元盛世"的情况又怎样呢？对此，大诗人杜甫在他的一首《忆昔》诗里曾作了形象的描述：

忆昔开元全盛日，小邑犹藏万家室。

稻米流脂粟米白，公私仓廪俱丰实。

九州道路无豺虎，远行不劳吉日出。

齐纨鲁缟车班班，男耕女桑不相失。

——唐·杜甫《忆昔》

杜甫在诗中说到，想当年唐玄宗开元全盛时期，连小的村镇也有家资过万的人家。稻米像流脂粉一样，粟米泛着白光，国家和私人的仓库都装满了粮食。社会治安状况良好，出门远行也不用挑选日子。产于齐地的纨和产于鲁地的缟行销全国各地，男耕女织，不失农时。大诗人为我们描述的俨然是一幅和平、安定的封建社会生活美景图！

"诗圣"杜甫
(712~770)

不过，上面几段材料，主要反映了三大盛世时期长安以及全国政治稳定、经济发展、治安良好的状况。那么，盛世时期长安人的业余文化生活又怎样呢？

关于这个疑问，我们可以通过唐玄宗"开元盛世"时期流传在长安城的一段佳话来加以说明。

开元年间的一个初冬，天气略有寒意，天空中还飘着微雪。唐朝的三位大诗人——王昌龄、高适和王之涣在长安城相遇了。三人都相互敬慕对方的才情，但相互之间还从来没有见过面，都感到相见恨晚。于是，结伴在长安城旅游观光。到了中午，肚子饿了，就一同进了一家酒馆。正在他们饮酒吃饭的时候，又来了一批客人。这批客人是10多个宫廷的伶官。伶官是什么人呢？就是善于歌舞的宫廷艺人。她们趁宫中无事，结伴光顾酒馆，出来放松放松，一起吃个工作餐。诗人聚在一起，自然要谈诗；伶官聚在一起，自然要唱诗。什么叫唱诗呢？根据记载，唐诗是可以入乐演唱的，所以，诗又称作诗歌。流行的唐诗就像流行音乐一样被人们传唱，能在宫廷中被伶官们传唱的往往是更加雅致、知名度更高的唐诗。

王昌龄（698～757）　　　高适（702～765）　　　王之涣（688～742）

当时，王昌龄、高适和王之涣都已经是成名的诗人了，在长安城的知名度很高。于是，王昌龄就提议："我们何不打个赌，看看谁的诗被伶官们传唱的最多。"三个人都处在风华正茂的年龄，谁会服输呀！于是，三人停下酒杯，静待众伶官唱诗。

果然，过了不多久，在伶官们等着上菜之前，一场非正式的唱诗会就开场了。只见一个伶官清了清嗓子，首先开口唱道：

寒雨连江夜入吴，平明送客楚山孤。

洛阳亲友如相问，一片冰心在玉壶。

——唐·王昌龄《芙蓉楼送辛渐》

歌声委婉动听，在场的人不禁喝起彩来。王昌龄则面带微笑，顺手在酒楼的粉墙上画了一道，嘴里说着"我的一首绝句"。原来那个伶官唱的是他的七绝名篇《芙蓉楼送辛渐》。

不大一会儿，又见一位伶官接着唱道：

千里黄云白日曛，北风吹雁雪纷纷。

莫愁前路无知己，天下谁人不识君。

——唐·高适《别董大》

这是高适的一首七言绝句，名叫《别董大》。高适听完，不禁面露喜色，也顺手在粉墙上画了一道，说"我的一首绝句"。

然后，又有一位伶官出场，唱了一首王昌龄的《长信秋词》。王昌龄转身在粉墙上又画了一道，说"我的第二首绝句"。并转脸笑眯眯地看看王之涣，把王之涣看得很不自在！三个人中，王之涣年龄最长。本来呀，王之涣认为自己的诗名应该在王昌龄和高适之上，但三个伶官唱了三首诗，还没有唱到自己的，心里一阵着急。王昌龄这一看，更使他浑身不自在。但嘴里不能服输呀！就壮着胆子说："你们二位别得意的太早了！你们看见没，坐在中间那个最漂亮的伶官还没开口呢！如果她开口，我敢打赌，一定会唱我的诗。否则，我就甘拜下风！"

王之涣刚说完，果然见坐在酒席正中那个身材高挑的伶官慢慢站起身来，轻舒歌喉，唱道：

黄河远上白云间，一片孤城万仞山。

羌笛何须怨杨柳，春风不度玉门关。

——唐·王之涣《凉州词》

这正是王之涣的《凉州词》。这个伶官不仅人长得漂亮，而且歌声圆润高亢，把塞上大漠的雄浑辽阔演唱得淋漓尽致，令人叫绝。伶官唱罢，不仅满座伶官一片喝彩，就连王昌龄、高适和王之涣也不禁抚掌大笑。这一笑，把伶官们吓了一跳。这时候她们才注意到还有三位雅士一直在听她们唱诗。本来呀，这些伶官早已经是这些大诗人们的粉丝。今天，见到她们的偶像了，那还不激动呀！于是主动邀请三人一同入席，大家尽欢而散。

这段佳话，记载在唐代文人薛用弱的《集异记》里，故事的名字叫"旗亭画壁"。旗亭，就是飘着酒旗的酒馆；画壁，是指在当时的酒馆内部，专门留有一面粉墙，供顾客留字、题诗。这是古代的一种传统做法，可不像今天一些旅游景点"到此一游"式的胡写乱画。只不过我把故事中记载的高适的诗改成了《别董大》，因为我觉得这首诗知名度更高、更有代表性。

"旗亭画壁"表明，唐代长安人的业余文化生活是丰富多彩的，而且唐诗已经成为长安人文化娱乐生活的重要组成部分。

长安以其政治、经济的中心地位和丰富多彩的文化生活吸引着全国各地的人才，他们不远百里、千里，到长安谋求发展，实现自己的人生梦想。就像今天，全国各地的精英才俊都向往北京，形成了一个"北漂"潮流一样，在三大盛世时期，则是全国各地的精英才俊"西漂"长安的时代。"旗亭画壁"中的三位诗人都不是长安人，他们就是"西漂"的代表。还有大诗人李白、杜甫等也都曾"西漂"长安。当然，有人成功了，也有人不如意，但无论成功失败，长安始终是他们心中的圣地、梦中的牵挂！

"文景之治"、"贞观之治"和"开元盛世"达到了我国封建社会发展的顶峰，成就了长安的"黄金时代"。那么，"黄金时代"的长安给我们留下了哪些重要的文化遗产呢？

到过西安的朋友都知道，西安有被誉为"世界第八大奇迹"

的兵马俑、有玄奘译经的大雁塔、有杨贵妃沐浴的华清池，还有碑林、乾陵等等。这些文化遗产都非常令人震撼！但这些还仅仅是有形的东西，这是物质文化遗产。长安作为古都，对中华文明做出的更大贡献是在精神文化，即非物质文化方面。

兵马俑　　　　　　　　　大雁塔

华清池　　　　　　　　　乾陵

举几个例子，比如：

1. 汉民族的形成。在我国的民族构成中，汉族是第一大民族，一直占全国人口的90%以上。为什么叫汉族？就是因为汉族是在建都长安的西汉时期形成的。从那时起，我国的主体民族才被称为汉族，中国主体文化被称为汉文化。

2. "唐人街"的命名。现在有很多中国人到海外去旅游，特别是到美国、加拿大、西欧的一些城市去旅游的时候，就会发现：移居到海外的华人一般都喜欢集中在一起居住，这些华人的聚居区，往往以"唐人街"来命名。这是为什么呢？因为唐朝是我国封建社会发展到顶峰的一个朝代，在国际上的影响非常大。所以，无论西方人还是中国人，都愿意拿唐朝说事儿；海外华人更以盛唐为自豪，愿意把华人聚居区称为"唐人街"。

3. 大一统国家观念的巩固。从秦始皇在咸阳建立秦朝开始，我国形成了统一的多民族封建国家，经过汉、唐盛世的培育，国家再也没有出现大的分裂，统一多民族大一统国家的观念深入人心。直到今天，这种观念仍然牢不可破，成为维系中华民族大家庭团结和睦的重要保障。

除此以外，还有我们大家今天已经习惯吃的西瓜、石榴、葡萄，普遍使用的调味品胡椒、大料，这些东西哪儿来的？就是建都西安时期，从西域，也就是我国的新疆以及中亚一带先传到西安，然后逐渐传到内地的。

二、金城千里

"旗亭画壁"不仅说明诗歌在当时的长安城非常流行,同时也反映出了当时长安城百姓生活的一个侧面。贞观之时,都城长安甚至成了世界文化的中心,四方来朝,盛极一时。

那么,为什么会有这么多的帝王如此垂青长安这座城市,在上千年的时间里不约而同地都把都城建在了这里呢?而且,汉高祖刘邦迁都长安,竟然源自于一个草根的建议!那么,长安究竟有什么独特之处,使得刘邦采纳了这个大胆的建议呢?

介绍了"黄金盛世",大家心中可能会产生一个疑问:我国有辽阔的国土面积,有那么多山川河流、风景秀美的地方,为什么上天却如此垂青西安,在上千年的时间里有那么多王朝要把都城建在这里呢?

这就牵涉到西安的第二个"金",即"金城千里"的地形优势。

我们首先来看一看西安的地理位置。

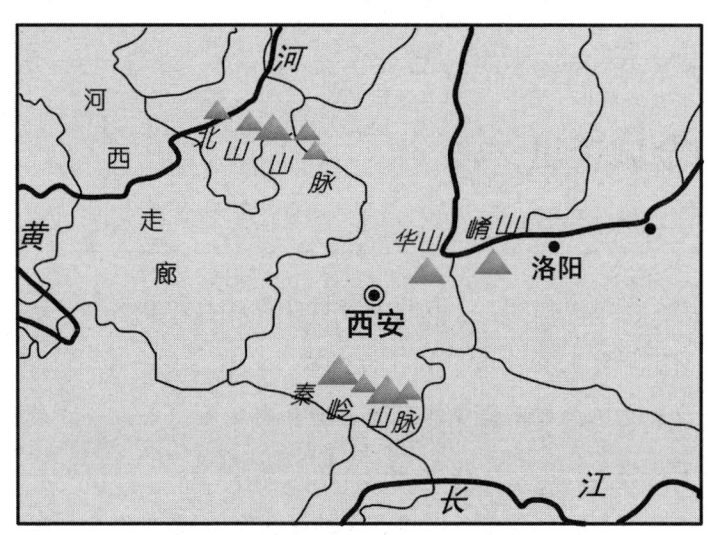

西安地理位置示意图

在地图中,我们会发现,西安位置似乎太偏西北了。但同时,请大家注意,西安所在地区的地势却很有特点:

从宏观上来看,西安所在的关中位于我国地势的第二级阶梯——黄土高原的东南部,黄河的中游。它的南边是秦岭山脉,自西向东绵延八百里;北边是北山山脉;西边以宝鸡的陇坻为界,是狭长的河西走廊；东边则有崤山、华山与黄河相隔，四面山河环绕。为了军事上防御的需要，在山谷和河畔的险要地方设置一些关隘：东面有函谷关、潼关与浦津关，南面有子午关、大散关与武关，北边的北山有萧关与金锁关，西边设有陇关。所谓关中，就是"在众多关隘之中"的意思。这种地形上的优势，在古代战争时期，就成为军事上的优势，一旦军情紧急，四面闭关自守，往往"一夫当关，万夫莫开"。

同时，在秦岭和北山之间形成了一块天然的盆地平原：东西约长八百里宽，东部宽阔，有三、四百里宽，逐渐向西缩减为百十里宽。所以，这块盆地被形象地称为"八百里秦川"。在这个盆地区域，渭河、泾河自西向东流入黄河，形成冲积平原，水源丰沛，土壤肥沃，为发展农业提供了天然的便利条件。因此，关中地区也是我国开发较早的农业区域。司马迁在《史记》中曾这样赞美关中这块土地：

> 关中为沃野，无凶年，秦以富强，卒并诸侯。……关中之地于天下三分之一，而人众不过什三，然量其富，什居其六。
>
> ——《史记·货殖列传》

这是两段话，第一段说，关中沃野千里，在秦以前，没有水旱灾害。所以，秦国富强起来了，秦始皇凭借这块土地最终消灭六国诸侯，统一了全国。第二段话是说，到了西汉汉武帝时期，关中的土地面积只有全国的三分之一，人口只占全国的十分之三，然而，其经济上的富裕程度，却占全国的十分之六。可见关中在全国占有多么重要的经济地位。

那么,是谁首先看到了在西安建都的这种明显优势呢?我们得提到一个小人物,这个人的名字叫娄敬。

史书上并没有交代娄敬的家庭出身,只提到他是齐人,即今山东人,是一个地地道道的"草根"。但这个"草根"却很不一般!

公元前202年五月,他被朝廷派去戍守陇西。从山东到陇西要经过洛阳,就在路过洛阳的时候,通过他的一个山东老乡——汉高祖身边的虞将军引见,见到了汉高祖。汉高祖是一个礼贤下士的天子,他同意见娄敬完全出于一种亲民的姿态。本来他以为,娄敬见到他无非会说一些恭维的话,或者向他求个一官半职什么的。但令汉高祖吃惊的是,娄敬居然向他提出了从洛阳迁都关中的建议。

大家知道,都城是全国的心脏,是国家的政治中心。所以,都城所在地的选择是一个关系国家安危的重大问题。汉高祖是在楚汉战争中打败了项羽后,在公元前202年的二月建都洛阳的。才过了仅仅3个月,一个草根居然建议他迁都。这可不是件小事!

娄敬建议汉高祖迁都关中的主要理由是什么呢?

汉高祖刘邦

(前202~前195年在位)

> 秦被山带河，四塞以为固，卒然有急，百万之众可具也。因秦之故，资甚美膏腴之地，此所谓天府者也。陛下入关而都之，山东虽乱，秦之故地可全而有也。
>
> ——《史记·刘敬叔孙通列传》

秦，也就是关中。娄敬这段话的意思是说，关中地区周围有大山险阻，东部有大河阻隔，是一个四面阻塞，非常坚固的军事区域。建都关中地区，即使发生了紧急事变，在关中地区可以随时征募百万军队。借助秦国在关中地区经营的基础，利用关中平原富饶肥沃的土壤条件，就如同上天赐予的府库一样（今天，我们都知道四川盆地被人们称为"天府之国"，其实，关中平原比四川盆地获得"天府之国"这个名衔还要早一些）。陛下您迁都关中以后，崤山（今河南省洛宁县西北）以东的地区虽有叛乱，但关中这一块区域则可以保全，不会受影响。总结起来主要是两点：第一，关中有山河之固；第二，关中有沃野千里的经济基础，而洛阳却不具备这样的优势。

这里，还要特别说明一下：在现代全国位置示意图中，我们大家发现，西安位置偏西，被划归大西北。但在唐代中期以前，当时全国主要有三大农业区：长江上游的成都平原、黄河中下游的关中平原和黄河与淮河之间的黄淮平原，而关中平原恰好处于三大农业区中间，把另外两大农业区串联在了一起。建都西安，就可以左右逢源。所以，从当时的地理位置来看，西安不仅不偏，而且是比较适中的。当然，随着封建王朝版图的扩大和南方经济的发展，唐代中期以后这种形势发生了变化，这种变化我们后面会讲到。

但娄敬毕竟是一介平民,娄敬的话是否完全可信,汉高祖还不能马上做出判断。于是,他接下来就征求身边文武大臣们的意见。大臣们意见也不统一,总体上反对的多,赞成的少,主要原因是由于许多大臣老家都是山东地区的,特别是刘邦的老家是江苏沛县一带的,建都西安离他们的老家太远了。这可让汉高祖为难了!

就在犯难的时候,汉高祖想到了一个人,何不征求一下这个人的意见呢?这个人就是张良。张良是汉高祖刘邦身边的重要谋臣,也是被刘邦称为"运筹帷幄之中,决胜于千里之外"的人物,在重大决策方面深得刘邦的信任。张良是什么意见呢?他首先肯定了娄敬的分析,说他说的十分有道理。而且,用八个字进一步强调了建都关中的优势,即:

张良
(?~前189)

金城千里,天府之国。

——《史记·留侯世家》

张良说关中是一个"金城千里,天府之国"的地方,非常适合建都。

于是,公元前202年的五月,汉高祖刘邦就带领文武大臣浩浩荡荡地从洛阳迁都关中,不久就把都城定在了长安。而首倡迁都关中的娄敬也因此获得了封赏:

赐（娄敬）姓刘氏，拜为郎中，号为奉春君。

——《史记·刘敬叔孙通列传》

从此以后，娄敬就不叫娄敬了，叫刘敬，跟皇帝一个姓，这在古代是很大的荣耀呀！而且还官拜郎中，从一介草民一跃而成为汉高祖身边的宠臣，完成了从"草根"到"土豪"的华丽转身。司马迁在《史记》中还专门为刘敬立了传。

在火药武器还没有运用于战争的冷兵器时代，险要的地形优势在战争中是非常重要的，谁占据了有利的地形，谁就掌握了战争的主动权。所以，"金城千里"的长安也就成为吸引众多帝王建都的要地。这种优势，到了后代还有不少帝王非常看重。宋代的开国皇帝宋太祖赵匡胤和明代的开国皇帝明太祖朱元璋也曾经计划建都西安，只是因为其他原因，没有实现。

三、金枝玉叶

长安得天独厚的地形优势使得很多朝代建都于此，可是有时候优点也会变成缺点。事实上，在长安作为都城一千多年的时间里，遇到了很多次严重的危机。可以说，如果其中任何一次危机变为现实，历史都将被改写！

那么，这些都是怎样的危机？建都长安的那些帝王们又是如何应对的呢？

公元前771年,周平王把都城从镐京(今陕西西安)东迁至雒邑(今河南洛阳)。司马迁曾在《史记》中对周平王迁都洛阳的原因作了这样的记载:

> 平王立,东迁于雒邑,辟戎寇。
>
> ——《史记·周本纪》

他说周平王之所以要从西安迁都洛阳,是为了避开戎寇,即来自西北游牧民族的侵扰和威胁。司马迁这段记载说明了什么呢?

金无足赤,人无完人!西安金城千里、固若金汤的建都优势是相对的,主要是相对于函谷关以东地区而言的。但建都西安时期,各个王朝面临的威胁恰恰是来自于关中平原北部、西北部和西南部的游牧地区。

在西周、秦、西汉、隋、唐建都西安时期,关中平原的西部、西北部和北部是少数民族的聚居地。就北部广大地区来说,秦、汉时期有匈奴,隋、唐时期有突厥;西北部则有在河西走廊的戎族,以及新疆及其以西地区的西域各族

游牧民族骑射图

和在青海、西藏等地的回纥、吐蕃等少数民族政权。这些少数民族以游牧为主,他们的文明程度略低于关中的农耕民族。农耕民族的特点是:二亩地,一头牛,老婆孩子热炕头。而游牧民族呢?他们被称为"马背上的民族",逐水草而居,从小在马背上长大,善于骑射,容易组织强大的骑兵作战部队。当冬季来临,牧草青黄不接,或者在汉族与游牧民族关系紧张时,这些少数民族的骑

兵经常越过关中北部和西北部的山口，到关中平原抢劫粮食、财物，甚至掳掠妇女，对长安的安全构成严重威胁。

关于这种威胁，当年建议汉高祖刘邦定都长安的刘敬也看到了。史书记载，建都长安后，刘敬曾奉命出使匈奴，回来以后对汉高祖刘邦说：

（匈奴）去长安近者七百里，轻骑一日一夜可以至秦中。

——《史记·刘敬叔孙通列传》

北部的匈奴部落仅距离长安 700 里地，轻骑兵一天一夜，即 24 小时就可以到达关中，造成对都城长安直接的军事威胁。

在汉高祖、汉文帝、汉景帝时，北部的匈奴骑兵就经常突破关中北部的萧关，或沿着河西走廊，侵扰关中地区。到了唐朝以后，来自北方的威胁变成了突厥。突厥屡次突破北山缺口，进入关中，长安城频频报警，多次戒严。下面，我们根据史书的记载，重点谈谈汉、唐时期长安曾经遇到过的三次重大危机。

一次是"白登之围"。汉高祖六年（公元前 201 年），匈奴冒顿单于发兵围攻马邑（今山西朔州）。次年冬天，即公元前 200 年，冒顿单于又亲率四十万骑兵进攻晋阳（今山西太原）。晋阳是关中的门户，军事地位非常重要。于是，汉高祖冒雪亲率三十二万大军迎战。但汉高祖率领的主要是步兵，骑兵部队是少数，战线拉得比较长。加上汉高祖轻敌冒进，所以，汉高祖率领的先头部队就被匈奴骑兵分割包围于平城白登山（今山西大同东南），时间长达七天七夜。这就是所谓的"白登之围"或"平城之围"。

后来，《史记》和《汉书》的记载都说汉高祖身边的谋臣陈平献计，用重金向单于阏氏（单于的皇后）行贿。阏氏给冒顿吹了枕头风，于是，冒顿"解围之一角"，即命令大军网开一面，眼睁睁看着汉高祖"从解角直出"与大军会合，得以脱险。其实，根据相关史料分析，冒顿之所以网开一面，有意给汉高祖留一条生路，其背后的真正原因则是"白登合约"。"白登合约"又是怎么回事呢？

这个合约是汉高祖派刘敬为特命全权代表，到单于大营签订的。主要内容有四条：第一，汉与匈奴以长城为界来划分疆域，长城以外归匈奴，长城以内归汉朝；第二，汉匈和亲，汉高祖把自己的亲生女儿，即公主，嫁给冒顿单于；第三，汉朝每年奉送大量的金、絮、缯、酒、米等财物给匈奴；第四，双方约为兄弟，匈奴不再侵扰汉边。

对于冒顿单于来讲，签订白登合约有三利：第一，将要得到汉高祖的女儿作为阏氏；第二，每年将得到匈奴缺乏的金钱、粮食和物资；第三，匈奴无所损失，无非就是一个不再侵扰汉朝边境的承诺而已。面对这样一个对匈奴有百利而无一害的合约，冒顿自然就愿意网开一面，让自己的"财神兼岳父"汉高祖逃之夭夭了！

另一次是"迁都之议"。唐高祖李渊定都长安后，北方的突厥屡次南侵关中平原。长安城几乎年年拉警报，警报的级别也逐渐从蓝色到黄色，再到橙色。唐高祖为此伤透了脑筋，于是，就派大臣到秦岭以南的地区去考察，看有没有合适的地方，准备把都城从长安迁到秦岭以南地区。史书对此记载说：

武德七年秋，突厥颉利、突利二可汗自原州入寇，侵扰关中。有说高祖云："只为府库子女在京师，故突厥来。若烧却长安而不都，则胡寇自止。"高祖乃遣中书侍郎宇文士及行山南可居之地，即欲移都。

——《旧唐书·太宗本纪上》

武德七年是公元624年，这年秋天，东突厥颉利、突利二可汗率领骑兵从原州，也就是今天甘肃的镇原，进攻唐朝，侵扰关中地区。有大臣于是就给唐高祖建议了，说"突厥人来主要是因为京城有大量金银财宝和美女。如果一把火烧了长安，不在这里建都，那么，突厥这些胡寇自然就不会来了。"这真是十分荒唐的建议！但唐高祖竟然听从了，并派中书侍郎宇文士及越过秦岭到山南寻找可建新都的地方，准备迁都。后来，在当时身为秦王的李世民竭力劝阻下，才没有迁都。

唐高祖李渊
（618~626年在位）

还有一次是"便桥之盟"。既然不迁都，突厥对长安城的威胁就依然存在。而最严重的一次威胁就出现在武德九年（626年）八月。这时，唐太宗李世民刚刚继位两个月，颉利可汗就率领二十万精锐骑兵侵入关中地区。突厥骑兵一路势如破竹，一直打到渭水便桥之北，隔岸与长安城相对，长安危在旦夕。颉利可汗兵临城下了，怎么办呢？好在唐太宗李世民久经沙场，足智多谋。史书记载：

（唐太宗）亲出玄武门，驰六骑幸渭水上，与颉利隔津而语，责以负约。俄而众军继至。颉利见军容既盛，又知思力就拘，由是大惧，遂请和，诏许焉。即日还宫。乙酉，又幸便桥，与颉利刑白马设盟，突厥引退。

——《旧唐书·太宗本纪上》

唐太宗亲自从长安北门——玄武门出来，身边仅带着六个精骑与颉利隔着渭河相对，指斥颉利趁火打劫，背信弃义。同时，私下里命令部队迅速向长安城集结。颉利看到唐太宗镇定自若，后面的唐军军容大整、士气高昂，知道唐军已经有了准备。又知道他先前派到长安的使者执失思力被唐太宗扣押下来，没有放回，因此，就摸不清长安守军的底细，心里没底，不敢贸然挥师渡河。第二天，与唐太宗在渭水便桥上杀白马盟约讲和。颉利带着二十万突厥骑兵退回草原，长安危机解除。

大家可以设想，如果上面任何一次危机没有被化解，恐怕西安的历史就要重新改写了！

面对这种每时每刻都存在的威胁，建都长安的帝王们又作何应对呢？

对此，曾经多次领教游牧骑兵厉害的唐太宗李世民说过这样一段话：

朕熟思之，惟有二策：选徒十万，击而虏之，涤除凶丑，百年无患，此一策也。若遂其来请，与之为婚媾，朕为苍生父母，苟可利之，岂惜一女！

——《贞观政要·征伐》

他说，我仔细考虑过了，对待游牧政权，有两种策略：一种是挑选十万精锐骑兵，主动出击，彻底打败他们，这样可以保证百年无患。当然，如果他们请求和亲，我们就与他们结为婚姻关系。我作为天下苍生的父母，如果这样做对国家有利，不会舍不得外嫁一女子。

从这段话可以看出，唐太宗提出的应对策略就是两个字："战"与"和"，或者说是"硬"和"软"。硬的一手就是"以其人之道，还治其人之身"，建立自己的骑兵部队，与游牧骑兵在战场上一决高下；软的一手就是和亲，通过联姻来换得和平。而唐太宗提出的这两种策略又可以形象地概括为西安的另外两个"金"："金戈铁马"与"金枝玉叶"。

我们先说"金枝玉叶"。金枝玉叶本来是指古代皇族的子孙，尤其指女性子孙，个别时候也指宫女。出于一种策略上的需要，在古代，中原王朝皇族与周边游牧政权贵族往往结为婚姻，这种做法就叫"和亲"，"和亲"的主角就是这些"金枝玉叶"。

据史书记载，在东周的时候，就有和亲的做法。周襄王（前651～前619年在位）时期，襄王准备征伐郑国，但军事实力不足，怎么办呢？他就想到了北方的游牧民族狄国，想借狄兵来帮忙。于是，就娶了狄国的公主为王后，并借来狄兵共同伐郑。这是史书记载的我国历史上中原王朝与游牧民族政权之间的第一次和亲，而且是游牧民族一方狄国的公主以"金枝玉叶"的身份出现。

汉唐建都长安时期，这种和亲就不绝于史了。而和亲的主要方式，则是汉唐的"金枝玉叶"们远嫁游牧民族的首领。

汉唐第一次和亲出现在"白登之围"之后，史书记载说：

> 欲遣长公主。吕后日夜泣，曰："妾唯太子、一女，奈何弃之匈奴！"上竟不能遣长公主，而取家人子名为长公主，妻单于。使刘敬往结和亲约。
> ——《史记·刘敬叔孙通列传》

在"白登之围"中，刘敬作为谈判代表，本来许诺是要把汉高祖的亲生女儿，即长公主鲁元公主嫁给单于的。汉高祖一开始也是答应了的。为什么？当时刘敬这样劝汉高祖，他说："陛下您如果真能把长公主嫁给冒顿单于，做他的阏氏，生了儿子后，这个儿子就能做太子，将来就能代替冒顿做单于。冒顿在世的时候，他是您的女婿；冒顿不在了，则冒顿的儿子，即您的外孙做单于。哪听说过外孙敢于跟姥爷分庭抗礼呢？这样一来，双方不用交兵，匈奴就渐渐地臣服于汉朝了。"（刘敬对曰："陛下诚能以适长公主妻之，……生子必为太子，代单于。……冒顿在，固为子婿；死，则外孙为单于。岂尝闻外孙敢与大父抗礼者哉？兵可无战以渐臣也。"——《史记·刘敬叔孙通列传》）说得很有道理，汉高祖也满口答应了。但回到长安，当履行合约的时候，吕后就表示坚决反对，日夜啼哭。她对汉高祖说，他们只有一个儿子、一个公主。怎么能舍得把公主远嫁匈奴呢？最后，汉高祖也心软了，来了个以假乱真，找了一个年龄相近、长相酷似鲁元公主的"家人子"（一位刘姓宗室的女儿）冒充公主嫁给了单于，算暂时蒙混过关了。

可是纸里终究包不住火呀！冒顿单于知道了事情真相后，非常气愤，也更加骄横。后来，在汉高祖刘邦去世后，他甚至直接给吕后写信说，你现在一个人寡居，我呢也不嫌你老，干脆咱俩和亲得了，这样汉匈就成了一家了！把吕后气得差点没背过气去。

吕后吕雉

（？～前180年）

汉高祖答应和亲但没有履行把鲁元公主嫁给冒顿单于这件事产生了两个影响：

第一，开启了汉唐和亲的先例。从此以后，汉唐与周边游牧民族政权首领之间的和亲就几乎没有断绝。而且，这种和亲基本上都是以汉政权的"金枝玉叶"外嫁游牧民族政权的首领为主。据统计，西汉与匈奴、乌孙、康居、车师等游牧民族政权的和亲达20次之多。其中，与匈奴的和亲就有14次。唐朝与突厥、回纥、吐谷浑、吐蕃等游牧民族的和亲将近30次。

第二，不是以皇帝的亲生女儿而是以皇室宗亲的女儿为主要出嫁对象的和亲方式，使刘敬期望的汉民族与游牧民族之间建立特殊的"子婿"或"甥舅"关系的可能性化为泡影。从此以后，汉唐乃至明清时期和亲的情况虽然仍频繁出现，但除了极个别的以外，几乎都是以宗室女作为"金枝玉叶"而外嫁的。历史是不能假设的，我们无法想象如果真的把皇帝的亲生女儿远嫁的话是否就会出现刘敬预测的那种结果，我国各民族大融合的局面是否会早日形成。

事实上，虽然历史上的和亲没有以刘敬建议的方式进行，但以"金枝玉叶"为主角而实行的汉政权与游牧民族政权的和亲政策在汉唐建都长安时期还是取得了十分明显的效果。下面，我们就用两个在历史上家喻户晓的典型和亲案例来做进一步说明。

第一个案例是"昭君出塞"。

王昭君出塞

自从汉高祖与匈奴冒顿单于和亲之后，汉朝就把与游牧民族和亲作为一项暂时缓解长安危机的国策确定了下来。到了汉文帝、汉景帝时期，也延续了和亲政策，陆续嫁汉室公主给匈奴单于。同时，也把和亲政策推广运用到西域地区的乌孙、康居、车师等游牧民族政权。到了汉元帝时期，又应匈奴的请求，在公元前33年，把宫女王嫱，嫁给了呼韩邪单于，王嫱就是有名的王昭君。王昭君与呼韩邪单于生有一子，呼韩邪单于去世以后，她请求归汉，汉成帝要求她遵从胡俗，也就是匈奴人的习俗。什么习俗呢？即父死子继。也就是说父亲如果不在了，儿子可以娶母亲以外父亲的其他妻妾为自己的妻妾，这在汉民族是不符合婚姻伦理的，但在匈奴却是一种民族习惯。所以，在汉成帝的授意下，王昭君又嫁给了呼韩邪单于的儿子复株累单于，和复株累单于又生了两个女儿。王昭君在匈奴生活了三十多年，一直到老，一生致力于匈奴与汉朝的安定团结，被尊为"宁胡阏氏"。至今，在内蒙古呼和浩特市南郊还有昭君墓，称作"青冢"，供后人拜谒。在王昭君和亲以后的半个世纪时间里，汉匈之间出现了和平相处的局面，匈奴不再侵扰关中。史书记载：

> 边城晏闭，马牛布野，三世无犬吠之警，黎庶亡干戈之役。
>
> ——《汉书·匈奴传》

汉朝边疆的城市一派和平的景象，马牛遍布原野，三十多年没有因匈奴骑兵入侵带来惊扰，老百姓也不用再受干戈之苦。当然，长安城也一派和谐安宁。

第二个案例是"文成公主入藏"。

唐朝初期，在今天西藏地区，少数民族政权吐蕃逐渐崛起。吐蕃的首领叫赞普，松赞干布做赞普的时候，实现了西藏高原的统一。松赞干布久慕唐风，于是，派遣使臣到长安，向唐朝求婚。贞观十三年（639年），唐太宗许以宗室女文成公主为妻；贞观十五年（641年）春，文成公主入藏，和松赞干布

文成公主与松赞干布

完婚。

关于这段和亲,还有一幅名画作证。这幅画的名字叫《步辇图》,是唐代著名画家阎立本的作品,现藏北京故宫博物院。它描述的就是贞观十五年唐太宗接见吐蕃婚史的场景。

《步辇图》

在图中,唐太宗坐在步辇上,身边众宫女簇拥着。左边的三个人,穿红衣的是唐朝的典礼官;中间站着的是松赞干布派出的婚使、身为吐蕃大相(也就是宰相)的禄东赞;另一个人是通译官(也就是翻译)。

婚使禄东赞在藏族史上可是一个不简单的人物。禄东赞文化程度虽然不高,但非常有才干。吐蕃之所以能够称雄青藏高原,多出于大相禄东赞的谋略。松赞干布派禄东赞作为唐蕃联姻的婚使,也充分说明了对禄东赞的信任。果然,禄东赞到了长安后,

召见顾问,进对合旨。

——《旧唐书·吐蕃传》

唐太宗召见他,问什么情况,都回答得十分得体、到位。唐

太宗对他也刮目相看，当即下旨拜禄东赞为右卫大将军。还提出要把琅琊长公主的外孙女段氏许配给禄东赞。这下可出乎禄东赞意料之外了！

禄东赞在稍作考虑之后表达了两点意思：第一，赞普还没有见到文成公主，我作为婚使，先娶了段氏，这不是捷足先登吗！第二，我在吐蕃已有妻室，不经父母同意，是不能再娶的。唐太宗虽然觉得禄东赞回答得有道理，但一方面出于对禄东赞的赏识，另一方面也是为了笼络禄东赞，还是决定把段氏许配给了禄东赞。

强将手下无弱兵，能臣上头有贤主呀！禄东赞的出色表现，也使唐太宗更加坚定了与吐蕃和亲的决心，并放心地让文成公主随着禄东赞返回吐蕃。文成公主入藏后在西藏生活了40年，促进了唐、蕃之间的民族团结和经济、文化交流。

文成公主入藏也因此成了千百年来在长安和拉萨广为流传的佳话。

四、金戈铁马

虽然"昭君出塞"和"文成公主入藏"的故事成为传世佳话,可是在历史上,这样的和亲却大都是伴随着泪水的。远嫁他乡的这些公主们用自己一生的幸福去换取和平,甚至到死也不能回到自己的家乡。她们的辛酸,又有多少人能够体会呢?

同时,古代帝王也知道,仅凭和亲是换不来永远的和平的。事实上,更加有效的手段还是要靠"金戈铁马"!

上面我们谈到了"金枝玉叶"。虽然和亲在一定时期内、一定程度上可以换来长安的和平，可是建都在长安的汉唐君主们也明白，仅凭和亲是换不来永久和平的。事实上，就在大量的汉唐公主远嫁到草原和大漠的同时，游牧骑兵对汉唐边境、关中地区的侵扰并没有停止。这就是说，和平从来不能靠恩赐得来！更加有效的手段，还是要靠"金戈铁马"！

什么是"金戈铁马"呢？金戈，是指用青铜或铁制成的兵器；铁马是佩有铁甲的战马。一提到"金戈铁马"这四个字，就会让人联想到鏖战沙场、九死一生的战争场面。而在"金戈铁马"的战争场景中，首先得说说威风八面的战马。

马是被人类驯化的最高贵的动物，马更与长安结下了不解之缘，秦始皇兵马俑、昭陵六骏就是战马留给长安的珍贵文化遗产。然而，在汉朝初期，马留给长安的记忆却是苦涩的。

由于经历了四年的楚汉战争，到汉高祖刘邦建立西汉王朝的时候，战马奇缺。缺到什么地步呢？

汉代牛拉车

自天子不能具钧驷，而将相或乘牛车。

——《汉书·平准书》

作为天子的汉高祖出门竟然找不到四匹相同颜色的马，将相上朝的时候，有时候还不得不坐着牛车。

在"白登之围"的时候，汉高祖率领的三十二万大军，绝大部分是步兵。相反的，当汉高祖被包围在白登山的时候，包围白登山的冒顿单于率领的四十万骑兵却在东、西、南、北摆出了四种不同颜色的战马：东边青马，西边白马，南边黄马，而北边尽是黑马。双方对比，汉朝军队的颜面扫地。这个事件在汉高祖心里留下了深深的痛，同时也使汉高祖明白，要想打败匈奴，一雪前耻，必须大力发展骑兵部队。但如何发展呢？有两个途径：首先得有一定数量的战马，其次得有质量相当好的战马。

所以，我们注意到，在汉高祖、吕后，以及后来的汉文帝、汉景帝和汉武帝时候，一面与游牧民族实行和亲，一面采取了一系列行之有效的措施来发展内地的养马事业。

首先，汉朝建立了一个专门的机构——太仆寺，专门负责牧养战马。

其次，鼓励民间养马。汉武帝初期，实行了"马复令"，规定：

令民有车骑马一匹者，复卒三人。

——《汉书·食货志》

老百姓如果养军马一匹，就可以免三个人的徭役。

汉武帝元鼎四年（公元前113年）还规定：

令民得畜边县，官假母马，三岁而归，及息什一。

——《汉书·食货志》

把官马租给边郡的老百姓，三岁后归还母马和一定数量幼马。国家呢，给予养马人马价十分之一的奖励。

第三，禁止母马外流。为了保证马快速繁殖，在吕后当政时期，朝廷规定：禁止母马外流。到汉武帝初年的时候，更明确规定：禁止体高在1.36米以上，马龄在10岁以下的马匹出境。

这些措施，都有力地促进了马匹的繁殖。史书记载，到汉景帝的时候：

> 太仆牧师诸苑三十六所，分布北边西边，以郎为苑监，官奴婢三万人，分养马三十万头。
>
> ——《汉旧仪补注》

太仆寺管辖下的官方牧苑就有36所，分布在北部和西部边境，有专门的郎官负责各苑的牧马事务，使用的官奴婢有三万人，分养了三十万匹马。到了汉武帝大规模出击匈奴之前，汉朝战马的数量已经发展到了四十万匹以上。

这么多战马的出现，固然与汉初采取的一系列鼓励养马的政策有关，同时，也是汉初休养生息、发展经济的结果。因为，蓄养战马的费用是不菲的。按照当时的费用测算：一匹马一个月的口粮，相当于一个壮年劳力一年的口粮。或者换一种算法，养一匹马的费用相当于养一个六口之家的费用。所以，汉初战马的发展也从侧面反映了汉初经济的恢复发展。没有坚实的物质和经济基础作后盾，大规模的马政事业是难以发展的！

有了一定数量的战马还不够，还要有高质量的战马。为什么这样说呢？

与草原游牧民族的马匹相比，中国内地的马有明显的弱点：身躯矮小，行动迟缓，负载量有限，灵活性和耐寒性差。汉臣晁错就曾说：

上下山阪，出入溪涧，中国之马弗与也。

——《汉书·晁错传》

上山下坡，涉水跳涧，内地的马都没法与北方草原的马相比。赵充国从另一个方面说：

汉马不能冬，屯兵在武威、张掖、酒泉万骑以上，皆多羸瘦。

——《汉书·赵充国传》

汉朝内地的马不适应北方寒冷的气候环境，没法在北方越冬。所以，汉朝在武威、张掖、酒泉屯驻的一万多匹战马，都很瘦弱。因此，一旦把这些马投入作战，后果可想而知！

汉武帝刘彻

（前141～前87年在位）

怎么办？只有一条路：寻求良种，改善军马品质。在这方面，汉武帝倾注了大量心血，并曾三次命名"天马"。这是怎么回事呢？

第一次，元鼎四年（公元前113年）六月，汉朝从敦煌渥洼水畔得到一匹野马，高大雄健，汉武帝异常兴奋，认为这就是他梦寐以求的"天马"。为此，他特意做了一首《太一天马歌》：

太一贡兮天马下，霑赤汗兮沫流赭。

骋容与兮趾万里，今安匹兮龙为友。

——汉武帝《太一天马歌》

把这匹"天马"看做飞龙下凡,大加赞扬!

第二次,在得到敦煌的所谓"天马"后不久,汉武帝又得到了乌孙献来的宝马。乌孙马比敦煌马更加高大、雄健。汉武帝一见大喜!认为,这才是真正的"天马"。所以,把"天马"的名号又给了乌孙马。

马踏飞燕

没想到,过了几年,更好的大宛马又让汉武帝改变了主意。

太初四年(公元前101年),汉武帝派李广利远征大宛,前后十余万人,兵连四年,结果打败了大宛,汉军获取了大宛马数十匹。史书记载:

> 及得宛汗血马,益壮。更名乌孙马曰西极马,宛马曰天马。

——《汉书·张骞传》

这数十匹大宛马,就是有名的汗血宝马。汉武帝见到大宛汗血宝马的时候,血脉都为之偾张了!马上决定把乌孙马更名为西极马,把大宛汗血马命名为"天马",同时又作《天马歌》一首:

> 天马来兮从西极,经万里兮归有德。
>
> 承灵威兮降外国,涉流沙兮四夷服。

——汉武帝《天马歌》

把得到大宛汗血马看做降服四夷,带来和平与安宁的美好象征。

大量西域马以及北方草原良种马的引入，大大改变了内地战马的品质，使内地战马的质量得到了很大提升，适应了深入北方、西北方草原、大漠等苦寒地区作战的需要，为大规模的军事反击奠定了基础。

汉代大规模的军事反击出现在汉武帝时期，反击的对象是实力最强、对关中和长安地区威胁最大的匈奴。在长期的反击匈奴战争中，涌现出了一大批彪炳史册、金戈铁马的英雄人物。在这里，我们重点提两个人：

一个是李广。他是汉武帝前期的一员大将，善于骑射。《史记》记载：

> 广出猎，见草中石，以为虎而射之，中石没镞，视之石也。因复更射之，终不能复入石矣！
>
> ——《史记·李将军列传》

李广

(？~前119年)

一天晚上，李广外出巡逻，看到草丛中似乎卧着一只猛虎，于是就一箭射去。到近前一看，原来是一块石头。再看他射出去的那只箭，由于用力太猛，已经深深地射入了石头中。可见他的箭术之高超。李广曾历任上谷、上郡、右北平等地太守，带领骑兵与匈奴作战40年，多次打败匈奴军队，被匈奴人称为"飞将军"。他抗击匈奴的事迹在长安广为流传。

到了唐代，人们还十分怀念他。王昌龄曾经有一首诗写道：

　　秦时明月汉时关，万里长征人未还。
　　但使龙城飞将在，不教胡马度阴山。

——唐·王昌龄《出塞》

"龙城飞将"说的就是李广。

另一个是霍去病。他也是汉武帝时期的大将军，比李广晚一些。他也在抗击匈奴的战争中立下了汗马功劳。为此，汉武帝专门在长安为他盖了一处豪宅，要赏赐给他。当汉武帝亲自把豪宅钥匙交给霍去病的时候，没想到霍去病却推辞说：

霍去病
（前140~前117年）

　　匈奴未灭，无以家为也。

——《史记·卫将军骠骑列传》

匈奴还没有消灭，我哪里有心思经营家室呀！这是多么令人感动的豪言壮语呀！不仅令汉武帝十分感动，而且成了激励后人公而忘私、国而忘家的励志名言。很遗憾，霍去病24岁时就因长期征战、积劳成疾而英年早逝了。这令汉武帝十分痛心！为了表彰霍去病的功劳，汉武帝特意下令把霍去病的墓修的像他曾经远征到达的祁连山的样子。还在他的墓旁，立下《马踏匈奴》《跃马》《卧马》等多种石马雕像

霍去病墓前石雕

来纪念他。

到了唐代建都长安的时候，形势类似于西汉初期。所以，唐朝采取的对付游牧民族威胁的方式也很类似：一是继续与游牧民族政权和亲，即延续汉代"金枝玉叶"的国策；二是也采取发展骑兵，采用"金戈铁马"的战争方式。只不过和汉代不同的是，汉武帝对匈奴的反击是在汉朝建立半个多世纪以后。但唐代对以突厥为主的北方、西北方和西南方游牧民族的反击却是在唐朝建立十年、唐太宗继位仅仅三年之后就开始了。原因是什么呢？

第一，有一支强大的骑兵部队。根据史料记载，在唐朝初期，唐政府军中，就有一支作战力量相当了得的骑兵部队。武德四年（621年）七月，平定东都王世充后：

> 秦王李世民至长安。世民披黄金甲，齐王元吉、李世勣等二十五将从其后，铁骑万匹。
>
> ——《资治通鉴》卷一百九十一

当秦王李世民平定了洛阳的王世充凯旋长安的时候，他身披黄金铠甲，骑在高头大马上，齐王元吉、李世勣等二十五员大将骑着战马紧随在其身后，后面则是一万铁骑部队。这种情况在汉代初期是无法想象的。所以，我们也可以推测，当武德九年李世民刚刚即位，东突厥的颉利可汗率领二十万骑兵兵临长安城下时，唐太宗李世民为什么敢于仅率数名骑兵隔着渭水与颉利对话？因为他对自己骑兵部队的实力心里是有数的、是有底气的！

第二，有一批卓越的骑兵将领。除了上面一段引文中提到的齐王元吉、李世勣外，唐朝初期涌现出了一大批久经沙场的马上将军，比如李靖、尉迟敬德、程知节、侯君集等。这批将领在隋末农民起义的烽烟中锻炼出来，又都富有文韬武略，熟悉北方游牧民族骑兵的作战特点。所以，在与北方游牧民族的作战中都立下了赫赫战功。

关键在于第三，有一个酷爱战马、懂得骑兵重要性、会合理使用骑兵的皇帝。这就是唐太宗。他从年轻时就酷爱战马，善于骑马射箭。后来，作为唐军统帅，在唐代统一全国的战争中，把骑兵战术运用到了炉火纯青的地步，为唐代统一全国奠定了基础。他酷爱马到什么地步呢？我们举两个例子：

即位之初，唐太宗就在宫中建立马苑养马。一天，他的一匹心爱的骏马无病而暴死。唐太宗非常恼怒，下令要把负责养马的宫人杀掉以泄愤（"太宗怒养马宫人，将杀之"《贞观政要·纳谏》）。后来，在长孙皇后的一再规劝下，唐太宗才没有杀宫人。但从此以后，他开始雇用来自西域的养马高手在宫中替他养马，并给予优厚

长孙皇后
（600～636）

的待遇。史书还记载下了两个非常有名的养马高手的名字，一个叫韦槃提，另一个叫斛斯正。为什么这两个小人物也在历史上留下了名字？

贞观六年（632年），有一个叫马周的大臣看不惯唐太宗的做法，就给唐太宗上疏说，韦槃提、斛斯正这两个小人物不就是懂得如何养马、调马吗？其他没有什么本事，他们和宫中的艺人应

该没什么两样，给他们优厚的待遇让他们养家糊口不就行了。但唐太宗呢，却让这两个人：

> 比肩而立，同坐二食，臣窃耻之。
> ——《旧唐书·马周传》

也就是说唐太宗往往让韦槃提、斛斯正和自己并肩而立、同坐而食，把他们捧上了天。我作为大臣觉得这样做太过分了，我为此感到羞耻！可见，在马周的眼里，养马人的地位应该就是卑贱的，登不得大雅之堂的。马周是个文官，他并不了解唐太宗重视韦槃提、斛斯正的真正原因——重视养马事业，为与游牧民族的骑兵作战随时做好准备。

第二个例子就是大家熟悉的昭陵六骏。贞观十年（636年）六月，长孙皇后去世，葬于昭陵。按照传统，唐太宗去世后，应与长孙皇后合葬，也要葬在昭陵。所以，在埋葬长孙皇后的时候，唐太宗作出了一个特殊的决定：把曾经在隋末统一战争中作为他的坐骑战死沙场的六匹骏马刻成浮雕，放置在昭陵墓侧，供人凭吊。这六匹马就是所谓的昭陵六骏：飒露紫、拳毛䯄、白蹄乌、特勒骠、青骓、什伐赤（六骏中，白蹄乌、特勒骠、青骓、什伐赤，现藏西安碑林博物馆；飒露紫、拳毛䯄被人盗卖，现藏美国宾夕法尼亚大学博物馆）。可见，唐太宗对马的酷爱达到了何种地步！

唐太宗对马的酷爱，加上他对游牧骑兵威胁的认识，就使他十分重视养马。到贞观三年（629年）唐朝已建立起一支具有足够数量和质量的"合众十余万"的骑兵部队，开始了反击突厥的战斗。

贞观四年（630年），李靖和李世勣率领唐朝精锐骑兵，千里出击，打败了骄横不可一世的东突厥颉利可汗。在逃跑过程中，颉利可汗做了唐军的俘虏。唐太宗为此异常高兴，亲自在两仪殿为李靖、李世勣接风洗尘，大宴文武，并即席和大臣们共同赋诗说：

绝域降附天下平，八表无事悦圣情。

——唐太宗等《两仪殿赋柏梁体》

绝域传来俘虏颉利降服突厥的好消息，从此天下太平了，皇帝怎么能不高兴呢？颉利被俘以后，北部、西北部、西南部的游牧民族纷纷表示归附，唐太宗也被他们共尊为"天可汗"。

"金枝玉叶"和"金戈铁马"以一和一战、一软一硬两种不同的方式为长安带来了和平与安定。就在这种既有和亲、又有战争的相互合作又相互斗争过程中，汉唐王朝与周边游牧民族和睦相处、相互交流。不仅保障了汉唐国防的安全，而且大量少数民族迁入长安居住、生活，并把他们的民族风习也带到了长安。这样，就使得汉唐长安到处弥漫着浓浓的胡风：穿胡服、听胡乐、跳胡舞、吃胡食成了长安人的一种时尚。曾经"西漂"到长安谋求发展，并做过唐玄宗的御用文人的李白有多首诗描写了长安的胡姬和胡人开的酒店。比如，他说：

五陵年少金市东，银鞍白马度春风。落花踏尽游何处，笑入胡姬酒肆中。

——唐·李白《少年行》之二

银鞍白鼻䯀，绿地障泥锦。细雨春风花落时，挥鞭直就胡姬饮。

——唐·李白《白鼻䯀》

　　飘逸的白马、貌美的胡姬、醇香的胡酒，成了李白在长安不得志时最好的一种解脱方式。

　　另外，唐太宗时还自西域传入了"波罗球"（Polo）游戏，十余人各骑快马，分为两队，手持数尺长的球杖，共同争击一球，这就是现在的马球游戏。唐代诸帝、王公贵族、长安少年、文人学士，乃至内宫妇女，均好此道，成为当时流行的娱乐活动。在考古挖掘出土的章怀太子墓壁画中，就有大幅壁画描绘当时马球戏的盛况。

"诗仙"李白
（701～762）

　　在长期和平的环境下，从长安到中亚、欧洲，乃至非洲开通了贸易交流通道"丝绸之路"，中国的丝绸、瓷器、茶叶和文化典籍传到国外，西方的绘画、音乐、舞蹈、宗教和植物种子等传到内地。大量的外国人在长安经商、学习，甚至居住下来，长安人口达到百万以上，成为当时世界上知名的国际大都市。

　　长安，成为那个时期国内外最为吉祥、最为响亮的名字！

　　"黄金盛世"带来的自豪感、"金城千里"带来的优越感以及与"金枝玉叶"和"金戈铁马"相伴的少数民族风习，长期浸润着长安这座城市，逐渐使长安人骨子里形成了雄浑豪放的文化气质。直到今天，这种文化气质在西安依然可以看到。比如，在西安流传着所谓的"十大怪"，其中的四大怪说：

面条像腰带，锅盔像锅盖，泡馍大碗卖，唱戏打鼓吼起来。

羊肉泡馍

秦腔剧照

其实，了解了西安的历史后我们就不会觉得怪了，也就合情合理了。那宽大的面条、大大的锅盔、盛满泡馍的粗大海碗，尤其是那高亢嘹亮、充满着金石之音的秦腔，不正是西安人雄浑豪放文化气质的一种反映吗？

结　语

　　天下没有不散的宴席！在经过了上千年的辉煌之后，907年，唐朝灭亡，长安失去了全国政治中心的地位，它的金色光芒也逐渐暗淡下去！

　　在探讨大唐衰落和长安失去都城地位的主要原因时，两个方面的因素值得深思：

　　一方面是人为的原因。这方面的因素中，值得关注的是唐玄宗统治中期因为宠爱杨贵妃、沉湎于声色所造成的政治腐败，以及由此导致的"安史之乱"（756~763年）。"安史之乱"长达八年，虽然最后被镇压下去了，但从此以后，唐朝的政治、经济、文化走向全面衰落，一蹶不振。

　　另一方面是自然因素的影响。在自然因素中，长安地区生态环境的全面退化则是值得关注的问题。周、秦、汉、唐都建都在西安附近，建筑用材以秦岭、陇西山地的林木为主。自从秦始皇大修阿房宫，西汉、隋、唐营建长安，近千年间，长安周边山地的林木遭到了持续不断地采伐。到隋唐时期，秦岭的北坡已无巨木可供采伐，关中地区自然生态环境已严重退化。生态环境是一个有机的系统，对森林的过度采伐，无疑会造成水土的流失、水源的短缺、水质的变化，进而影响农业生产和居民的生活。这就是说，到了唐朝晚期，长安已非理想的建都之地了。

那么，接下来，又是哪一座城市代替长安，成为万众瞩目的全国性都城呢？

请看下一章："中"之洛阳。

附：历代建都西安一览表

政权名称	起止时间（年）	都城类型	文化遗存和景观
西周	前1046~前771	统一王朝都城	1. 世界文化遗产，5A景区：秦始皇陵及兵马俑博物馆 2. 5A景区：大慈恩寺大雁塔、大唐芙蓉园、骊山华清池 3. 4A景区：大明宫国家遗址公园、陕西历史博物馆、西安碑林博物馆、西安城墙景区、乾陵、茂陵 4. 3A景区：昭陵
秦	前350~前221，前221~前207	诸侯封国都城 统一王朝都城	
西汉	前200~8	统一王朝都城	
新莽	9~23	统一王朝都城	
更始	23~25	农民起义政权都城	
赤眉	25~26	农民起义政权都城	
东汉	190~195	统一王朝都城	
西晋	304~306，313~316	统一王朝都城	
前赵	319~328	割据分裂时期都城	
前秦	351~385	割据分裂时期都城	
后秦	386~417	割据分裂时期都城	
西魏	534~556	割据分裂时期都城	
北周	557~581	割据分裂时期都城	
隋	581~604，617~618	统一王朝都城	
唐	618~684，705~903	统一王朝都城	
大齐	880~883	农民起义政权都城	
大顺	1643~1644	农民起义政权都城	
合计	1077		

注：按照古都学通行的观点，由于咸阳离西安不远，所以，把咸阳看做属于西安范围之内的城址稍有移动的同一个古都，总体纳入西安的建都范围来对待。

第二章

"中"之洛阳

本章序

洛阳，立于河洛之间，居天下之中，既有中原大地敦厚磅礴之气，也有南国水乡妩媚风流之质！开天辟地之后、三皇五帝以来，洛阳以其天地造化之大美，成为天人共羡之神都！

洛阳代表最早的中国，也是最本色的中国。历史上，曾经有十四个王朝在洛阳建都，时间长达885年，使之成为重要的政治、经济、文化中心。

不过，由于特殊的地理位置和文化中心地位，洛阳也成为历朝历代王者逐鹿中原的必争之地，饱受战火的洗礼！

那么，历史上，洛阳是如何成为十四朝古都的？历史上唯一的一位女皇帝武则天为什么也把武周王朝的都城定在了洛阳？洛阳人又是如何在饱受战火洗礼、社会动荡不安的历史环境中求得生存与发展空间的呢？

本章将从"天下之中"、"人文中心"、"逐鹿中原"和"中庸之道"四个视角为您解读"中"之洛阳！

河南人言谈话语里爱说"中",这在全国是出了名的。比如,两个人见面商量事说"这事中不中?"谈论一个人说"这人中不中?"就连在商场买衣服,服务员也会对顾客说"你穿上试试中不中?"在这里,"中"的词义接近"行"、"好"、"可以",但"行"、"好"和"可以"又不能完全涵盖"中"的意义。表面看来,这是一种语言习惯,其实质则反映了一种文化现象。

那么,在河南的语言环境里,为什么会形成这种独特的文化现象呢?要揭开这个谜底,还得从古都洛阳谈起。

第二章 "中"之洛阳

一、天下之中

由于古代交通不便,帝王择都时首先要考虑都城的地理位置。比较合适的首都应该大致位于国土的中心,不能过于偏僻。这样,便于兼顾国家的东、西、南、北各部分统治区域,也便于推行政令、沟通信息、加强统治。当然,如果位于"天下之中",那就是最为理想的都城。历史上,洛阳就位于"天下之中",因而成了帝王眼中理想的建都之地。

从洛阳的区位和地形图上可以看出它位于河南中部偏西,北边有邙山,南边是龙门山,东边有虎牢关,西边是函谷关。伊河和洛河自西向东穿流而过,流入黄河。那么,洛阳成为古代都城,是否凭借这样的地形优势呢?

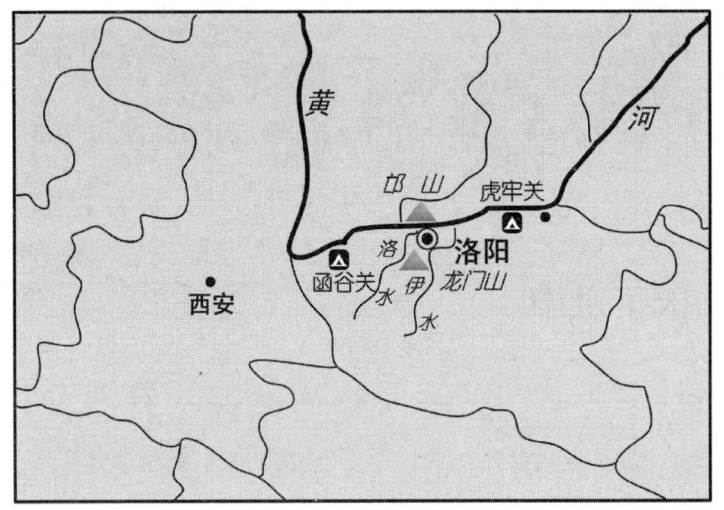

洛阳地理区位示意图

我们先看《史记》中的一段记载:

> 刘敬说高帝都关中。上疑之。左右大臣皆山东人,多劝上都洛阳:洛阳东有成皋,西有殽黾,倍河,向伊洛,其固亦足恃。
>
> ——《史记·留侯世家》

这段话说的还是当初刘(娄)敬劝汉高祖迁都关中时,汉高祖身边大臣们的看法。大臣们因为大多是山东人,所以赞成建都洛阳。而且认为洛阳"东有成皋,西有殽黾,倍河,向伊洛",其山河险固的程度是足可以依靠的。但一个"亦足恃"的"亦"

字说明在众大臣们看来，洛阳相比于长安在"山河之固"方面还是略逊一筹的。所以，汉高祖最后还是听从了刘（娄）敬的建议迁都到了关中的长安。

到了汉元帝的时候，由于长安经常受到来自北部和西北部游牧民族的侵扰，有一个叫翼奉的中郎官曾建议汉元帝重新迁都洛阳。他说了这样一段话：

> 臣愿陛下徙都成周，左据成皋，右阻渑池，前乡嵩高，后介大河，……东压诸侯之权，西远羌胡之难。
>
> ——《汉书·翼奉传》

翼奉在这里除了再次强调洛阳的山河之固外，尤其看到了建都洛阳相比建都长安的另两大优势，即更有利于对东方诸侯的控制，同时远离羌胡等西北游牧民族的侵扰。

上面列举了洛阳在地形、便于对东方诸侯控制、远离游牧民族统治区域三方面的建都优势，但事实上，以上这三个方面都是建都洛阳的次要因素。洛阳之所以跻身我国六大古都行列，长期成为古代政治、经济和文化中心，它凭借的却是另外一种独特的优势。

是什么优势呢？那就是洛阳"天下之中"的地理位置。

有两个人首先看到了洛阳的这个优势。

一个是夏朝的建立者禹。公元前2070年，禹建立了我国历史上的第一个

禹（夏朝奠基者）

奴隶制王朝——夏。他把自己统治的地盘划分为九个州（兖、青、徐、冀、豫、雍、梁、荆、扬）。其中，豫州被其他八州包围着，位于九州的中心。豫州就相当于今天的河南，所以，又叫中州，这一带就叫中原。夏禹把都城放在哪里呢？在阳城，就是今天河南登封的告成镇，在古代属于洛阳的管辖范围之内，位置大致在豫州的中心。这也就意味着：豫州位于九州的中心，洛阳位于夏朝统治的中心。但是，夏禹并没有明确说过洛阳位于"天下之中"。

明确指出洛阳位于"天下之中"的是周公旦。西周建立后，都城在关中的镐京，即今天的西安附近。西安位置略偏西北，不利于对东方地区的统治。所以，周成王就派自己的叔父周公旦到洛阳去考察，准备把洛阳作为陪都。周公此次对洛阳的考察非常细致，他不仅考察了洛阳的地形、地貌和农业生产条件。而且，为了更准确地把握洛阳的地理特征，周公还专门在洛阳东面的嵩山设

嵩山周公测景台

立了一个观测站点，通过对日影的测量，来确定具体的地理位置。

通过详细调查、观测和取证，周公回到镐京后给周成王打了一份报告，报告中特别强调指出：

　　此天下之中，四方入贡道里均。

——《史记·周本纪》

意思是说洛阳位于天下的中央，四面八方给朝廷进贡的话路

程远近都基本平均。周成王就是根据这个论断，毫不犹豫地决定把洛阳作为陪都了。

那么，"天下之中"的地理位置真的如此重要吗？

这与当时的历史背景有关。西周初期，朝廷实行分封制，把70多个同姓王和部分异姓王分封到全国各地。这些诸侯王必须向朝廷尽三项义务：

一、朝见天子。定时到都城朝见天子，汇报工作。

二、交纳贡赋。要向朝廷交纳赋税、钱粮，并向朝廷敬献特定的礼物。一些偏远的小国实在没有什么特别的礼物奉献，地方特产也可以。比如南方的楚国比较落后，就只供奉"包茅"就可以了。"包茅"是干什么用的？是周王举行祭祀时用来过滤酒的一种菁茅。但是，不管什么，诸侯王必须有所表示。

三、率兵勤王。在都城受到攻击的时候，有义务率兵保卫都城的安全。如果不遵从王命，就可能被削去诸侯王的爵位。

这就出现了一个问题：古代交通不便利，如果都城位置偏僻，诸侯王到都城朝见天子、交纳贡赋就会很不方便，甚至会影响到国家安定。

西汉的时候，都城在长安。汉高祖实行郡国制的同时，也保留了西周的分封制，他把侄子刘濞封为吴王，占据以扬州为中心的江苏南部地区。扬州距离长安2000多里，路途遥远。尽管如此，汉高祖在位的时候，吴王刘濞也必须定时到长安朝贡。到了汉文帝的时候，刘濞就有所懈怠了。有一年，刘濞就借口身体不好，派自己的儿子（也就是吴国太子）代他去长安朝贡。从辈分上来讲，刘濞和汉文帝是叔伯兄弟，所以，汉文帝也没有太在意，还派太子刘启亲自招待刘濞的儿子。年轻人在一块喝酒畅谈，高兴之余下起了棋。下着下着，因为一招棋两个人发生了争执，太子一怒之下拿起棋盘朝刘濞儿子的头上砸去，没想到正砸在太阳穴上，竟把刘濞的儿子砸死了。得到消息，刘濞心痛得差点昏了过去。但毕竟人家是太子啊！他只好忍气吞声。不过，这件事发生以后，吴王刘濞就对朝廷怀恨在心，并找种种借口，20多年没有亲自到长安朝贡。汉文帝也自知理亏，睁一只眼，闭一只眼，容忍了刘濞的做法。天高皇帝远呀！汉朝廷失去了对吴国的监督，刘濞就借机招募军队，蓄意谋反。果然，在刘启做了皇帝，也就是汉景帝的时候，吴王刘濞就发动了叛乱（公元前154年）。虽然后来叛乱被汉景帝派兵镇压下去了，但都城远离统治区域所带来的隐患是显而易见的。

那么，都城放在哪里最合适？战国时期的思想家荀子曾经对此发表过他的看法：

> 欲近四旁，莫如中央；故王者必居天下之中，礼也。
>
> ——《荀子·大略》

要说哪里最靠近四方，就是国土的中央部位。所以，王者一定要建都"天下之中"，这也正是礼制的要求。

用现代眼光来看，建都天下之中，就有三个"有利于"：第一，有利于信息沟通；第二，有利于地方朝贡；第三，有利于军事征伐。最终有利于国家安定。

于是，周成王很快就决定把洛阳建为东都，而且规定东方诸侯朝贡都到洛阳，而不必再远到关中去了。

凭借地理位置上"天下之中"的优势条件，公元前770年，周成王正式把都城从关中的镐京迁到洛阳，建立东周。从此以后，又有东汉、西晋、北魏、隋、唐等14个朝代在洛阳建都，时间长达885年。

二、人文中心

中华文明是多元文明，在我国北至黑龙江、南至珠江流域都发现了早期文明的遗存。但是，追根溯源，黄河中下游地区则是中华文明起源最早、规模最大、影响最深的一个区域，所以，被学术界公认为中华文明的摇篮、中华早期文明的中心。而洛阳就位于黄河中下游的核心区域，在中华早期文明的起源、发展和繁荣过程中居功至伟。

在885年的时间里，洛阳不仅成为我国当时的政治、经济、文化中心，创造了灿烂的物质文明和精神文明，而且为后人留下了珍贵的文化遗产。在这些文化遗产中，尤为突出的是洛阳成为我国早期的"人文中心"！这是洛阳与"中"这个字第二次产生联系。那么，洛阳"人文中心"的地位如何体现呢？

黄帝

炎帝

大禹治水

造纸术

在夏之前，中华民族的人文始祖黄帝、炎帝曾以河洛为中心进行活动，并最终融合在一起。中华民族被称为炎黄子孙，河洛地区被称为中华民族的祖根之地，原因就在这里。在炎黄英雄时代之后，"大禹治水"的传说发生在洛阳；"河图洛书"的传说也发生在洛阳；东周时期，儒家、道家、法家等诸子百家以洛阳为中心展开了百家争鸣；东汉、北魏、隋、唐时期，以洛阳为中心的中原成为道教、佛教、玄学、理学、诗词、书法、绘画等的策源地；对我国和世界科技发展做出重大贡献的四大发明之首——造纸术也是在东汉建都洛阳时期发明的。

与此同时，在洛阳社会发展过程中，一些与"中"相关的核心概念也逐步形成。比如"中央"，这个词在现代是指掌握国家最高权力的机构。而在古代，则是四方之中的意思。前面曾引用了荀子的一句话"欲近四旁，莫如中央"，韩非子也曾说过："事在四方，要在中央。"（《韩非子·杨权》）此处的"中央"和荀子的用法一样，都是四方之中，国都的意思。

再如"中国"。现代意义上，中国指全国、中华人民共和国。而在上古时代，"中国"有两层含义：一即国中，意思为京城、都城；二则是说以炎黄部落为核心的华夏族建国于黄河中下游一带，居天下之中，故称"中国"，而把周边其他地区称为四方。由中国衍生出来的"中华"一词则是中国与华夏的合称，意指历史悠久、文化灿烂，故称中华。

比如还有"中原"。"中原"一词在《诗经》中已经出现了，《诗·小雅·小苑》曾说到"中原有菽"。这里的"中原"是狭义的中原，是指平坦田野的中心部位，即"原田之中"的意思。到了魏晋，"中原"的意义逐渐扩大，诸葛亮在《出师表》中曾说："今南方已定，兵甲已足，当将帅三军，北定中原。"这里的"中原"指的是曹魏统治的以河南为中心的黄河中下游地区，和今天所讲的中原的意义已经比较接近了。此外，以"中"为核心词汇，还逐渐形成了中岳、中心、中部、中途、中年、中立等相当庞大的词群，不仅丰富了汉语体系，而且在一定程度上丰富了汉文化。

以上这些都可以说是洛阳成为我国早期人文中心的有力证据。如果说以上这些文化要素离我们都比较遥远了。那么，我们还可以举出几个跟我们今天仍有密切关联的例子。

第一个例子是"二十四节气"。我们大家都熟悉二十四节气，现代人还把二十四节气编成了一首歌：

春雨惊春清谷天，夏满芒夏暑相连。
秋处露秋寒霜降，冬雪雪冬小大寒。

——《二十四节气歌》

二十四节气是我国古代先民通过长期观察总结出来的自然规律，专门用于指导日常生活和农耕活动。一年四季里，春暖、夏热、秋凉、冬寒的特征非常明显，何时播种、何时收获也交代得很明白。但细心的朋友会发现，在我国的北方，比如哈尔滨，一般不会有酷热的夏季；而在南方的广州，也不会有大雪纷飞的冬季。这是怎么回事呢？司马迁曾说过：

昔三代之居，皆在河洛之间。

——《史记·封禅书》

三代指的是夏、商、周。司马迁说夏、商、周三代先民所居住生活的地方都在河洛之间。那个时候，我国的版图还没有今天这么大，古代先民主要生活在以洛阳为中心的河洛地区。为什么选择在河洛地区生活呢？因为这里气候温和、四季分明、水源充足，非常适合农业生产和人类居住。二十四节气大致就在那个时期在以洛阳为中心的黄河中下游地区初步形成，在秦汉的时候就基本定型了。二十四节气是我国劳动人民的天才创造，直到今天，它仍然是我国劳动人民日常生产生活的重要指南，成为我国独具特色的传统文化。

第二个例子我们来说说"洛阳纸贵"。我们在形容一部有价值的文学作品被争相传看的时候，往往会用到"洛阳纸贵"这个典故。2012年，莫言先生获得了诺贝尔文学奖，一时间，他的著作被抢购一空，我们就可以说莫言先生的作品真是"洛阳纸贵"呀！追根溯源，这个典故发生在西晋（265～316年）的都城洛阳。洛阳有一个文学家叫左思，他构思了10年，写成了脍炙人口

西晋文学家左思
（约250～305年）

的《三都赋》，分别描写了蜀都成都、吴都南京和魏都邺城。十年磨一剑呐！《三都赋》写得非常传神。一时间，在洛阳成了抢手货。当时没有现代印刷术，更没有复印机。所以，豪贵之家和文人士大夫竞相传抄，耗用大量的纸张，造成了洛阳市面上纸价一路攀升，成为中国文学史上的一段美谈。"洛阳纸贵"发生在1700多年以前，洛阳文风之盛从中可见一斑。

第三个例子再说说"根在河洛"。我有一位洛阳的朋友，几年前曾在我国著名的侨乡——福建泉州的华侨大学就读。一次，

他到泉州的晋江购物，和老板交谈的时候，对方问他来自哪里，他说："洛阳"。老板说："噢，那你离这很近呐！"我这位朋友感到很吃惊，洛阳离泉州好几千里，一个在中原、一个在东南，老板怎么说很近呢？在攀谈的过程中，才知道，原来泉州市的惠安县有一个洛阳镇。那位老板误认为我的这位朋友是来自惠安县洛阳镇的。

这是一种巧合吗？沿海的福建竟然有一个与洛阳同名的地方。原来这与历史上洛阳人南迁有关。

西晋的前期，社会还是比较稳定的，所以才有"洛阳纸贵"那样的故事发生。但到了中后期，西晋都城洛阳政局开始动荡不安，先有"八王之乱"，后有"永嘉之乱"。为了躲避战乱，大量世家大族和百姓纷纷外迁。部分洛阳人就翻山越岭迁移到了福建泉州。那个时候，泉州还尚未得到有效的开发，当地人以渔猎为生，农业经济比较落后。洛阳来的世家大族和百姓为这里带来了先进的农业生产技术，促进了当地农耕文化的发展。为了铭记自己的故乡，这些世家大族和百姓把他们的落脚点仍然命名为洛阳，把泉州的浯江改名为晋江。后来，还把北宋时在晋江之上修建的一座桥梁命名为洛阳桥。这座洛阳桥至今还屹立在晋江上，成为中原文化与闽南文化融合的见证。

西晋时期洛阳人南迁福建只是一个典型的事例。在历史上，洛阳人曾多次大规模南迁。所以，到了现在，就形成了两种特殊的文化现象：

一是寻根到河洛。因为河洛地区是我国早期先民活动的主要区域。所以，今天，世界各地的华人在寻根的时候，不约而同地都来到了河洛。还有很多江浙人、闽南人、台湾人，特别是客家人，至今还称自己是"河洛郎"。

晋江洛阳桥

二是南方家族宗祠多。在南方的江、浙、赣、闽、广等地，家族宗祠特别多。很多地方比如江西婺源、福建客家土楼等的宗祠，都修建得富丽堂皇。祠堂里供奉着每个家族的先祖，而几乎无一例外地都记录了家族的先人是如何从中原地区千里跋涉来到南方进行艰苦创业的。其目的就是为了告诫后代子孙：慎终追远，牢记河洛！

三、逐鹿中原

洛阳"天下之中"的地理优势和它人文中心的文化优势，使得很多王朝把国都定在了洛阳，使洛阳成为天人共羡的神都。可是凡事都有利有弊，也正因为洛阳地理位置的重要性，使得洛阳成为兵家必争之地而饱受战火的洗礼。

而战争的频繁，也使得洛阳又有了一个独特之处——庙宇众多。那么，这又是为什么呢？

说完了南方的家祠，我们再回到洛阳。大家会发现，与南方祠堂多恰好相反，在洛阳旅游时，看到这里的寺庙特别多。有朋友开玩笑说，在洛阳一带旅游就是"白天看庙，晚上睡觉。"看了大庙看小庙，到处都是庙宇。比如：洛阳的白马寺是我国第一座佛教寺院，被称为佛教祖庭、释源；洛阳的龙门石窟是我国四大佛教石窟寺之一，著名的卢舍那大佛今天已经成为洛阳旅游的标志；嵩山的少林寺是我国佛教的重要派别禅宗的祖庭，而嵩山的中岳庙则是我国现存规模最大的道教建筑群等。

洛阳白马寺

龙门石窟卢舍那大佛

少林寺

中岳庙

为什么会出现这种现象呢？这又牵涉到洛阳的又一个"中"字，即"逐鹿中原"的"中"。宋代著名女词人李清照的父亲李格非曾经这样说过：

洛阳处天下之中，……盖四方必争之地也。天下当

> 无事则已，有事洛阳必先受兵。
>
> ——李格非《书〈洛阳名园记〉后》

洛阳位于天下之中，是四方必争之地。天下太平的时候还不要紧，当国家动荡的时候，洛阳必然首先遭受战争的影响。宋代史学家司马光也曾说：

> 若问古今兴废事，请君只看洛阳城。
>
> ——北宋·司马光《过洛阳故城》

想要了解古今朝代的兴亡，请大家看看洛阳城就明白了。

事实是否如此呢？有两个大家熟知的与战争相关的成语"问鼎中原"和"逐鹿中原"就说明了这个问题。

先说"问鼎中原"。它说的是春秋五霸（指齐桓公、晋文公、宋襄公、秦穆公、楚庄王）之一的楚庄王的事。史书记载：

> 楚子伐陆浑之戎，遂至于雒，观兵于周疆。定王使王孙满劳楚子，楚子问鼎之大小轻重焉。
>
> ——《左传·宣公三年》

楚庄王熊旅

（？～前591）

在周定王的时候，楚庄王（也就是楚子）派兵攻打东周都城洛阳附近的陆浑戎。陆浑戎原来是西北的一个少数民族，后来迁居到洛阳南部一带，是一个小诸侯国，根本不堪一击！在打败了陆浑戎之后，楚庄王并没有退兵，而是继续北上，在洛阳附近耀武扬威。周定王派大臣王孙满带着丰厚的礼物从洛阳出来专门慰劳楚庄王，傲慢的楚庄王居然向王孙满问起了鼎的大小和轻重。楚庄王问鼎有什么用意呢?跟这个鼎的来历有关。

公元前2070年,禹建立夏朝,以阳城为都城。夏禹把他统治的地盘划分为九个州,专门命人铸造了九个青铜大鼎,象征着九个州,放在王宫里,表明对这九个州拥有绝对的统治权。从此以后,九鼎就成了传国重宝。夏朝灭亡后,九鼎被转移到了商朝的国都。西周建立后,周公把九鼎从殷商的都城安阳挪到了东都洛阳。所以,楚庄王问鼎的轻重大小,明显具有挑战王权、取周而代之的意味。后来,人们就以"问鼎中原"比喻图谋夺权。再到后来,"问鼎"逐渐演变成了夺冠的意思。

再说另一个成语"逐鹿中原"。《史记》中曾记载:

秦失其鹿,天下共逐之。

——《史记·淮阴侯列传》

逐鹿是古代先民的一种狩猎活动,狩猎中能逐获野鹿的人往往是快捷、勇猛和智慧兼备的人。后来,逐鹿演化为争夺天下的意思。"鹿"也就象征着王权、皇帝的宝座。秦朝末年,农民起义爆发,秦朝灭亡。许多实力派集团为了争夺王权,互相拼杀,就叫"逐鹿"。逐鹿的地点就在中原。这些实力派集团打到最后,剩下了两大集团:一个是以项羽为首的楚,另一个是以刘邦为首的汉。刘邦和项羽两大集团在中原地区进行了长达四年的楚汉战争。公元前203年,楚汉两军数十万军队在洛阳东部的荥阳一带隔着一条"鸿沟"东西对峙。战争处于胶着状态,双方的伤亡都非常大,但一时又都不能取胜对方。于是,便决定讲和,双方

约定:

> 中分天下,割鸿沟以西者为汉,鸿沟而东者为楚。
> ——《史记·项羽本纪》

以鸿沟为界,中分天下,鸿沟以西归汉王刘邦,鸿沟以东归楚霸王项羽。双方这才暂时罢兵。

楚汉战争中刘邦和项羽的这段争霸非常具有历史意义和传奇色彩。在汉代以后,出现了象棋,人们把棋盘上对垒双方之间的那段空白区域称为"楚河汉界",也就是鸿沟,并一直沿用到今天。

鸿沟

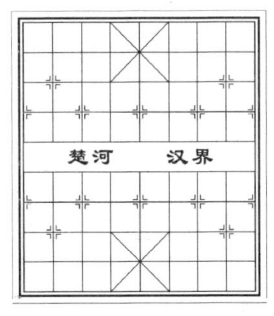
中国象棋棋盘

当然,鸿沟并没有永久地成为楚汉双方"不可逾越的鸿沟"。第二年(前202年),汉军就越过鸿沟,向楚军进攻。垓下(今安徽固镇)一战,楚军被彻底击败,项羽在乌江(今安徽和县东北)自刎而死。刘邦成了"逐鹿中原"的胜利者,成功"问鼎中原",建立了汉朝。

在此之后,东汉末年曹操与袁绍之间的官渡之战、隋末唐王李世民与洛阳王世充之间的苦战、唐代中期的安史之乱,乃至近代蒋介石与李宗仁、阎锡山、冯玉祥之间的中原大战等无一不在中原地区展开,并最终决定了新旧势力的命运。

在中原地区展开的连绵不断的战争,使"逐鹿中原"成了战争的代名词。这种情况表明:

第一,历史上决定性战争往往在中原进行。

第二,得中原者得天下!谁能入主中原,就等于拥有了天下!

第三,频繁的战争一再强化"中"的意义。中不中?是骡子是马得拉出来在中原地区遛遛。只有在中原逐鹿中获胜那才叫"中",否则就"不中"。

然而,在历朝历代逐鹿中原的战争中,不管鹿死谁手,遭殃的还是老百姓!曹操曾经有一首诗对东汉末年军阀混战之后的洛阳这样描述到:

> 白骨露于野,千里无鸡鸣。生民百遗一,念之断人肠。

——曹魏·曹操《蒿里行》

到处都是暴露于荒野中的白骨,从洛阳以东上千里的地方都听不到鸡鸣,没有人烟了!老百姓一百个里边有一个活下来就不错了。想到这里,就让人肝肠寸断。战争的残酷连被称为"奸雄"的曹操也心生同情!

魏武帝曹操
(155~220)

唐代中期"安史之乱"期间,战争的主战场也是在以洛阳为中心的中原地区。763年,当长达七年的"安史之乱"被平定后,也出现了与东汉末年非常类似的情况:

> 东至汴郑，达于徐方，北自覃怀，至于相土，人烟断绝，千里萧条。
>
> ——《旧唐书·郭子仪传》

汴郑是今天河南的开封、郑州，徐方指山东西部和江苏北部，覃怀和相土指河北南部和河南北部的广大地区，这个区域相当于今天所说的广义的中原。"安史之乱"后，在中原地区出现了"人烟断绝，千里萧条"的悲惨景象。根据史书记载，在"安史之乱"前，唐朝全国有890多万户，战乱过后，只剩下了190多万户。作为战争中心的洛阳的惨状可想而知。

面对战乱，老百姓又作何应对呢？两种方式：

一是逃避，即从洛阳地区外迁。从洛阳向外迁移主要有三个方向：一是向西，进入关中的陕西，这是所谓的"走西口"。二是向北，去山西、河北，这是所谓的"闯北方"。但是，这两个方向都不是理想的选择。关中土地狭小，容量有限；再说，洛阳发生战乱的时候，关中往往也不能幸免。闯北方，山西、河北紧邻着北边的游牧民族，也很不安全。剩下的一条路就是向东南，这叫"东南飞"。这是一条比较理想的外迁路线。为什么呢？一是战乱少，易于定居。二是经济基础好。东南一带气候温湿、土壤肥沃，有利于农业经济发展。三是交通便利。从中原向东南有许多自然河流和人工开挖的运河，沿着这些河流，就很容易到达东南地区。所以，在秦汉、魏晋、隋唐和两宋之际，中原人都曾大规模南迁。

无法外迁的怎么办？那就只好留守。中华民族是以农立国的农耕民族，农耕民族最大的特点就是安土重迁。只要有一线生存的希望，就不愿意背井离乡。所以，大量的人还是选择留守下来。留守下来就要面对残酷的现实！这时候，宗教就乘虚而入了。

宗教最主要的作用是什么呢？对于普通百姓来讲，宗教主要有两方面的作用：一是为人们提供避难场所，这种场所就是宗教庙宇。比如，北魏的时候，全国有3万多所佛寺，僧尼达到200多万人。仅洛阳城内外，就有上千所寺院。那么多人入寺院当僧尼干什么？因为进入寺院起码可以有口饭吃，不至于饿死呀！宗教的第二个作用则是为人们提供精神寄托。百姓通过在这里求神拜佛、祈福免灾，暂时在精神上得到虚幻的安慰，获得在苦难中继续生活下去的勇气。于是，宗教就开始大规模流行，传播宗教的寺庙也就越来越多了。所以，到了今天，洛阳就被公认为我国的宗教中心，留下了大量的宗教庙宇，并成为中原地区一种独特的文化现象。

四、中庸之道

"逐鹿中原"强化了"中"的地位和价值。但是，佛教的寺院也好，道教的道观也罢，它们提供给人们的毕竟是一种虚幻的东西，是一种暂时的寄托。人们要长期生活下去，还得找一种日常生活中的精神支柱。当然，这也难不倒具有深厚人文底蕴的洛阳人，他们找到了四个字，那就是"中庸之道"。

另外，大家知道，武则天这位中国历史上唯一的一位女皇帝，她把自己建立的武周王朝的都城定在了洛阳，改称"神都"。可以说，武则天创造了洛阳近半个世纪的辉煌。那么，武则天和"中庸之道"又有什么关系？她究竟为洛阳注入了什么文化遗传基因呢？

佛教寺院也好，道教庙宇也罢，它们只是洛阳人暂时逃避现实的一个虚幻场所，并不能解决人们现实中的日常生活问题。如何面对持续不断动荡局面下的生活呢？这也难不倒具有深厚人文底蕴的洛阳人。他们高明的应对举措总结起来就是四个字，即"中庸之道"。这是洛阳与"中"发生关联的第四个层面，即"中庸之道"的处世方式。

什么是中庸呢？北宋理学家程颢解释说：

不偏之为中，不变之为庸。

——《河南程氏遗书·第七》

南宋朱熹也说：

中者，不偏不倚，无过无不及之名。

——《中庸章句》

所以，中庸就是不偏不变，无过又无所不及。中庸之道被儒家看做一种德行、伦理规范，同时也是一种方法论、行为准则。儒家思想的奠基者孔子给予中庸之道以极高的评价。他说：

中庸之为德也，其至矣乎！民鲜久矣。

——《论语·雍也第六》

他认为中庸作为一种德行，达到了至高无上的境界！可惜的是老百姓已经很久不了解这种德行了。

孔子的孙子子思进一步阐发了孔子的中庸思想，他认为：

喜怒哀乐之未发谓之中，发而皆中节，谓之和，……致中和，天地位焉，万物育焉。

——《中庸》

喜怒哀乐都不表现出来的时候就叫"中"。喜怒哀乐表现出来了，而且表现得恰到好处，则叫"和"。若能达到了"中"与"和"境界，就等于万事万物达到了和谐的境界。

那么，中庸作为儒家的最高道德规范和行为准则是如何产生的呢？

春秋思想家、教育家孔子
（前551～前479）

这与春秋战国时期特殊的政治、军事形势有关。当时诸侯混战，国无宁日，人生无常。面对这种局面，不同流派的思想家提出了不同的应对举措。主要的三个流派形成了三种不同的应对方式。总结起来，道家主张"用弱"，即被动的接受现实；法家主张"用强"，即用强力手段改变现实，以此获得眼前的利益；而儒家则主张"用中"，即通过逐渐的改良来达到目的。为了说明三家的不同观点，我们举三个例子：

首先用"塞翁失马"这个例子来说说道家的"用弱"。《淮南子》记载说：

> 近塞之人有善术者，马无故亡而入胡。人皆吊之，其父曰："此何遽不为福乎？"居数月，其马将胡骏马而归。人皆贺之，其父曰："此何遽不能为祸乎？"家富良马，其子好骑，堕而折其髀。人皆吊之，其父曰："此何遽不为福乎？"居一年，胡人大入塞，丁壮者引弦而战。近塞之人，死者十九。此独以跛之故，父子相保。
>
> ——《淮南子·人间训》

在这个故事里,塞翁丢马是祸,得马是福;马得到了,他的儿子骑马弄骨折又变成了祸;骨折是祸,但因此避免了战死沙场又变成了福。所以,在文章的结尾,作者总结说:

故福之为祸,祸之为福,化不可极,深不可测也。

——《淮南子·人间训》

春秋思想家、道家学派
创始人老子
(约前571~前471)

很明显,这是老子"祸兮,福之所倚;福兮,祸之所伏"(《道德经》)思想的体现。反映了道家在面对矛盾着的世界所采取的态度就是被动地接受,基本不做反抗,而听任事物自然而然地发展,是一种很明显的"用弱"方式。

其次,谈谈法家的"用强"。商鞅、韩非子、李斯等法家思想家主张用"法、术、势"等手段夺取并巩固其统治地位,用急风暴雨式的变法来改变社会现状。商鞅在秦国的变法就体现出了这一点。商鞅变法的一项重要举措就是建立军功爵制,奖励军功,"有功者显荣,无功者虽富无所芬华"(《史记·商君列

战国末期改革家、
法家代表人物商鞅
(约前390~前338)

传》)。在一定程度上达到了富国强兵的目的。但是,由于变法过程中废除了没有军功的宗族和旧贵族的特权,触犯了旧贵族的利

益。所以,"宗室贵戚多怨望者"(《史记·商君列传》)。在支持商鞅变法的秦孝公去世后,秦惠王即位,商鞅被车裂而死。秦始皇统一六国建立秦朝后,也把以李斯为代表的法家理论作为执政的政治基础,处处用强,试图用严刑峻法来维持大秦王朝的统治。但正如大家所知道的,秦朝在统一全国后只维持了17年的统治便土崩瓦解了。

这样看来,道家的"用弱"太被动、太消极,而法家的"用强"太激烈、太极端。都非理想的处理矛盾方式。那么,儒家的"用中"又如何呢?

我们也通过一个例子来说明这个问题。这个例子是早期儒家思想的代表人物西周时期的周公旦和姜子牙(姜尚,又称吕太公望)之间很有意思的一段对话:

> 吕太公望封于齐,周公旦封于鲁。二君者,甚相善也,相谓曰:何以治国?太公望曰:"尊贤上功"。周公旦曰:"亲亲上恩"。太公望曰:"鲁自此削矣"。周公旦曰:"鲁虽削,有齐者亦必非吕氏也"。其后齐日以大,至于霸,二十四世而田成子有齐国;鲁日以削,至于仅存,三十四世而亡。
>
> ——《吕氏春秋·仲冬纪·长见》

这个故事记载在《吕氏春秋》里,说明了周公和姜尚二人是如何看待用人和治国的。大家知道,"亲亲"和"尚贤"始终是古代王朝用人的两大对立原则。偏重于"亲亲"或偏于"尚贤"都容易出问题。正确的做法是什么?是"亲亲"与"尚贤"并用，是"尚中"、"用中"，而不走极端。

姜子牙　　　　　　　周公旦

所以，大家看到，在汉武帝"罢黜百家、独尊儒术"之后，我国封建社会统治者在用人方面一直尊奉"用中"的原则：一方面"亲亲"，在一定程度上保留了分封制；另一方面"尚贤"，不断完善荐举、中正、科举等选官制，保持了封建统治的活力，使封建社会在我国一直延续了2000多年的时间。而对待祸福、安危的普遍矛盾，儒家则是采取保福免祸的态度，主张早为之谋，居安思危，有备无患。所以，相较于道家的"用弱"、法家的"用强"，儒家的"用中"更加符合人的思想和行为规律。而把"用中"之道加以理论化，就是所谓的"中庸之道"。

宋代科举考试

中庸这种观念主要是在春秋战国时期形成的，这个时期的思想家老子、商鞅、周公、姜尚都来自中原地区，这个时期的都城在洛阳，不同流派的思想家们也是在以洛阳为中心的中原大舞台上对"中庸之道"进行探索的。所以，"中庸之道"是洛阳对中国文化的贡献，洛阳也自然成为"中庸之道"的积极践行之地。

为了更好地说明"中庸之道"的处事方式，我们不妨结合曾经活跃在洛阳政治舞台上的三个历史人物作一分析。

东汉政治家胡广
（91～172）

一个是东汉胡广。胡广，字伯始，祖籍湖南华容。东汉定都洛阳，在东汉中后期，政局动荡，经济发展走向衰落。胡广在这种大背景下，居朝为官五十多年，历事安、顺、冲、质、桓、灵六位皇帝。"五作卿士，七蹈相位，三据冢宰"；"汉兴以来，人臣之盛，未尝有也"（《后汉书·胡广传》）。可以说胡广创造了一个东汉末年政局动荡时期在朝为官的一个奇迹。那么，胡广成功的秘诀在哪里？《后汉书》本传记载说：

性温柔谨素，常逊言恭色……柔而不犯，文而有礼。

——《后汉书·胡广传》

当时京师洛阳流传着这么一句谚语：

万事不理问伯始，天下中庸有胡公。

——《后汉书·胡广传》

这就是说，胡广既以中庸的德行标准要求自己，又奉行中庸之道的处事方式，在温和、严谨、合乎礼法的氛围中日理万机、处理政事，帮助帝王维护着风雨飘摇中的东汉王朝。

另一个是武周苏味道。苏味道，河北赵州人，他是武则天大周政权的宰相。690年，武则天建立周政权，并且把洛阳作为神都，而后在洛阳做了15年的皇帝（690～705年）。武则天当政期间，任命了70多个宰相，每个宰相的平均任期只有3个多月。其目的是什么？就是自己要牢牢控制最高权力。因此，宰相们都战战兢兢，唯恐得罪了女皇。而苏味道却是个例外！他前后做了3任宰相，时间加起来长达7年！而赫赫有名的狄仁杰在武则天的大周朝前后也才做了4年宰相。

那么，苏味道的为官之道是什么？

有两条：一是善写奏章。苏味道是进士出身，也是有名的诗人。为了跻身仕途，练就了善于写奏章的本事。奏章是写给皇帝看的，遣词造句、话语轻重要拿捏得十分到位才行！苏味道偏偏有这个本事，深得武则天的欢心。第二大本事是处事模棱两可。他有一句名言：

武周宰相、文学家苏味道
（648～705）

　　处事不欲决断明白，若有错误，必贻咎谴。但摸稜以持两端可矣。

——《旧唐书·苏味道传》

凡事不能太明白地决断，断错了就会后悔，留下后遗症。最好的办法就是保持模棱持两端的态度。所以，当时的人都叫他"苏摸棱"。后来，我们大家熟悉的成语"模棱两可"就是因此得来的。

如何评价苏味道"模棱两可"的做法呢？这要放在具体的历史背景下评价。武则天统治时期介于唐太宗"贞观之治"和唐玄宗"开元盛世"之间，当时，武周政治相对稳定、经济持续发展，人才选拔制度逐步完善，社会整体上处于上升期。我认为，这种局面的出现与数年一人之下、万人之上的苏味道的政治作用是不无关系的。起码，后人从史料中并没有发现苏味道卖官鬻爵、独断专行，从而导致朝政腐败的劣迹！所以，客观评价，苏味道的"模棱两可"只是苏味道在复杂的政治环境下明哲保身的一种策略。苏味道的不做决断实际上就是不偏不变，不走极端，凡事保持现状就行，这是标准的"中庸之道"。苏味道的做法给了女皇武则天更大的安全感，弱化了皇权与相权之间的矛盾，有利于政局的稳定和社会的发展。

再说说女皇武则天。苏味道这个人模棱两可的做法的确很有"味道"！而他的主子武则天的所作所为更耐人寻味！在陕西乾县武则天和唐高宗的合葬墓乾陵的陵前竖立着一块无字碑，这是在武则天死后为武则天竖立的。然而，高大的碑上却没有一个字！后人对此猜测很多，结论也莫衷一是。我认为，这块无字碑最大限度地体现了武则天"中庸之道"的处事

乾陵无字碑

方式。

为什么这么说呢？武则天是中国历史上唯一的女皇！在古代，做女人难，做名女人更难，做女皇那就难上加难了！

武则天为了稳定皇权，可以说费尽了心思。任用苏味道这样的人做副手只是她的一种手段而已。她在位期间的很多做法在今天看来都与"中庸之道"十分合拍！比如：她曾任用酷吏，打击李唐宗室和一些异己势力。周兴、来俊臣一干酷吏因此飞黄腾达。不过，过度残酷地镇压也在朝廷引起

武周女皇武则天

(624～705)

了很大的恐惧、不安与民愤；武则天也当然看到了这一点。看到以后怎么办？武则天就又反过来清除酷吏，以此平息民愤、安定朝局。所以，后来，周兴、来俊臣等酷吏都被武则天一一贬杀。

另外，武则天还曾在晚年大肆招揽面首，也就是男宠。其中，白马寺的和尚薛怀义尤其受到武则天宠幸，他飞扬跋扈，目中无人。有一次，薛怀义忘乎所以，公然大白天从正门通过南衙进宫去会武则天。按照朝廷规矩，南衙是宰相办公的地方，外人是不能随便进入的。也该薛怀义倒霉，当他经过南衙的时候，偏偏就被值班的宰相苏良嗣碰到了。又是一个姓苏的宰相！不过，苏良嗣可不是模棱两可的苏味道。此人非常耿直，他本来就对薛怀义与女皇武则天的关系看不惯，觉得有损武周王朝的美好形象；同时，他对薛怀义小人得志、飞扬跋扈的行为十分痛恨。于是，当

即就命人把薛怀义抓起来掌嘴，打得薛怀义满地找牙。但薛怀义走南衙并没有犯死罪呀！况且，薛怀义毕竟是当朝女皇的他，怎么也得留些面子给皇帝呀。所以，最后不得不放了姓薛的。事后，薛怀义哭闹着到武则天那里告御状。没想到，武则天不仅没有护着他，反而沉着脸说："我告诉过你进宫要走北门，不能走南门，谁让你不听我的话？活该！"过了一段时间，这个薛怀义就被武则天找茬给杀了。

在酷吏和面首这两件事情上，武则天没有偏袒、没有护短，不走极端，处理得都恰到好处！

所以，武则天在位时期，政治相对稳定，经济和文化都有所发展，为接下来的"开元盛世"奠定了基础。但是，她毕竟曾借酷吏之手杀了很多人、也曾大肆招揽面首，还曾镇压过南方地区的叛乱，株连过很多大臣，在朝廷内外引起过不小的非议。

因此，在武则天去世后，她留下遗言，在她的陵前立一块无字碑。我想，女皇是用无字碑这种方式告诉人们：我什么也不写，让后人评价我的功过是非吧！她相信历史自有公论！这正好体现了老子思想中的精华：

大音希声，大象无形！

——《道德经》

这也是中华民族智慧在处事方式上的一种最好体现。所以，可以说武则天是把"中庸之道"这种处事方式运用到极致的中国女人。因此，她才成了我国历史上唯一的女皇帝。

"天下之中"的优越感、"人文中心"的自豪感、"逐鹿中原"

的战争记忆，以及"中庸之道"的处世方式，都一再彰显"中"在洛阳文化中的重要价值。所以，在洛阳人看来，"中"这个字起码意味着四层含义：

第一，位置重要。

第二，文化优越。

第三，左右逢源。

第四，事事如愿。

于是，久而久之，"中"就成了洛阳、成了河南词汇中人们最喜欢使用的一个字眼，言谈话语里总也离不开"中"了！

说到这里，还有一个小小的疑问要给大家解释一下：即什么时候洛阳人大致像我们现在这样，在方言中频繁地使用"中"这个字眼呢？这是一个语言学的问题。

说明这个问题要了解洛阳方言是什么时候形成的。洛阳方言实际上就是洛阳为都时期全国的官话，也就是说是那一时期的普通话。种种史料表明，洛阳方言从东周时开始说，经东汉、魏晋、隋（炀帝）、唐（武则天）时期基本定型，到北宋时期建都开封，以洛阳为西京的时候，洛阳方言就成为河南方言的基础，在河南广大地区开始流行了。所以，可以推断，最迟在北宋的时候，洛阳人、开封人、河南人已经基本像我们今天一样在日常生活语言里频繁而灵活地使用"中"这个字眼了。

第二章 「中」之洛阳

结　语

　　历史上，洛阳以其"天下之中"的优越地位，作为都城的时间达到885年，被称为"十四朝帝都"。在此期间，洛阳以甘醇的伊洛河水哺育了我国早期的炎黄文化，哺育了早期夏商周文化，哺育了河洛文化、根亲文化，儒家文化、宋代理学、早期佛教也都在此萌芽。所以，如果说黄河中下游地区是中华早期文明的摇篮，那么，以洛阳为中心的伊洛盆地就是这个摇篮的核心。因此，洛阳的文化质朴、中庸、厚重，代表了中国传统文化最本质的内容。

　　同时，以洛阳为中心，华夏文明像滚雪球一样越滚越大，最终形成了"中国"、形成了包括56个民族的中华大家庭。据统计，按人口排列出的中国100个大姓中，有73个姓源于或其部分源头在以洛阳为中心的河南地区，河南成了名副其实的中华民族祖根之地。海外华人、特别是客家人的老家就在伊洛地区。今天，洛水长流、卢舍那慈祥依旧，而厚重的古都洛阳已经成了全球华人永远难以割舍的"老家"。

儒学奠基者之一董仲舒曾说："德莫大于和而道莫正于中。"（《春秋繁露·循天之道》）把"中"与"和"看做"道"与"德"的最高境界。在中华民族发展繁荣的历史上，以"中"为核心的"用中"、"中庸"、"和谐"等观念曾长期支配着中国人的思想观念和行为处事方式，并衍生出"礼之用，和为贵"、"家和万事兴"等可贵的文化理念，并成为中国传统文化的核心组成部分。

在二十一世纪的今天，人类面临着诸多困境：个人身心的矛盾、家庭内部的矛盾；社会与个人之间的矛盾、不同阶层之间的矛盾；国家之间的矛盾，乃至人与自然的矛盾。西方文化无法解决这些矛盾，而以儒家文化为核心的"中"文化理念、"中庸之道"处事方式则为解决上述矛盾提供了可能。这是洛阳文化对我国乃至世界文化发展带来的希望！我们坚信：历史的发展将证明，洛阳文化"中用"！我们也共同期待世界历史发展的轨迹证明，洛阳文化"真中"！

然而，大家知道，历史是个大舞台，你方唱罢我登台！在885年的时间里，洛阳扮演了中国历史大舞台上的主角，就像雍容华贵的牡丹，盛开在那一时期中华文明的大地！但是，人无千日好，花无百日红！再雍容华贵的牡丹也有凋谢的时候！而洛阳这座古都的枯萎衰落几乎和西安是同步的：当唐代末年西安逐渐失去都城地位的时候,洛阳也没有把都城的接力棒很好地接过来,而是把它转手交给了另一座城市。它是哪一座城市呢?

请看下一章"水"之开封!

附：历代建都洛阳一览表

政权名称	起止时间（年）	都城类型	文化遗存和景观
东周	前770～前256	统一王朝都城	1. 世界文化遗产，5A景区：龙门石窟 2. 4A景区：白马寺、关林庙 3. 3A景区：新安千唐志斋博物馆、汉光武帝陵、孟津龙马负图寺、洛阳市博物馆、天子驾六博物馆
西汉	前202	统一王朝都城	
东汉	25～190,196	统一王朝都城	
曹魏	220～265	割据分裂时期都城	
西晋	265～304，306～312	统一王朝都城	
北魏	493～534	少数民族政权都城	
隋	605～619	统一王朝都城	
魏	617～618	割据分裂时期都城	
郑	619～620	割据分裂时期都城	
唐	684～705，904～907	统一王朝都城	
后梁	909～913	割据分裂时期都城	
后唐	923～936	割据分裂时期都城	
后晋	936～938	割据分裂时期都城	
中华民国	1932	统一王朝都城	
合计	885		

注：洛阳附近的阳城曾作为夏朝都城。但是，按照古都学通行的观点，夏朝都城游移不定，且文献和考古证据均不足，所以不计入建都时间内。

第三章

"水"之开封

本章序

　　开封,一座1000年以前的世界第一大都市。它曾是夜生活的发源地,被誉为"不夜水城"。传世名画《清明上河图》,为我们真实生动地记录了开封当年的盛景。时隔千年,我们仿佛仍能听到那热腾腾的叫卖声和熙来攘往的脚步声。古往今来,这里曾经哺育过多少文治武功、彪炳史册的名人贤士:刚直不阿的包拯,满门忠烈的杨家将,"先天下之忧而忧,后天下之乐而乐"的范仲淹……至今仍受到人们的敬仰和传诵。

　　早在2300多年以前的战国时期,开封就成为魏国的都城。五代时期的后梁、后晋、后汉、后周又相继以此为都,到960年赵匡胤建立北宋后,仍建都于此,此时开封达到了极盛时期。后来,北方女真建立的金朝,也曾建都于此,故而开封有"七朝古都"之称。七个朝代总计在开封建都366年。

　　那么,开封是如何从一个一般地方小城,成为七朝古都的?从开封的兴衰中,我们又会获得怎样的人生启迪呢?

　　本章将从"因水而都"、"水运往事"、"不夜水城"和"载舟之水"四个视角为您解读"水"之开封!

2005年5月22日,美国著名的《纽约时报》在显要位置发表了一篇专栏作家克里斯托弗的文章。文章的核心观点是:今天的纽约是世界首屈一指的大都市。然而,在大约一千年以前,中国中部的一座城市却是世界第一大都市。

那么,克里斯托弗所指的是中国哪一座城市,竟能和今天的纽约相提并论?它就是六大古都之一的开封。历史上,曾经有七个朝代在开封建都,总计建都时间366年。其中,以一千年前的北宋在开封建都时间最长,达到了168年。北宋时期,都城开封的城市人口达到150万左右(也有学者认为达到了170万),是当时世界第一大都市。所以,克里斯托弗才把古代开封和今日纽约相提并论。那么,开封是如何成为北宋都城的呢?

第三章 「水」之开封

一、因水而都

水是生命之源,开展水上交通是古人聪明地利用水的一种方式。在内陆地区,水上交通有两种形式:一是利用自然江河,二是开挖运河。开挖运河是让水听人的指挥、为人来服务,大运河就是在这种背景下产生的。借助于大运河便利的水上交通条件,许多城市发展繁荣起来,一些城市还因此而崛起成为古代的都城,开封就是其中最大的受益者。

当我们打开中国地图时会发现,开封位于华北平原南部的豫东平原,北边有黄河自西向东流过。《战国策》记载开封时说:

地四平……无有名山大川之阻。

——《战国策·魏策一》

开封四周一马平川,没有名山大川作为险阻。从军事防御的角度而言,这种地形很不利于防守,是兵家之大忌。所以,并不具备良好的建都条件。

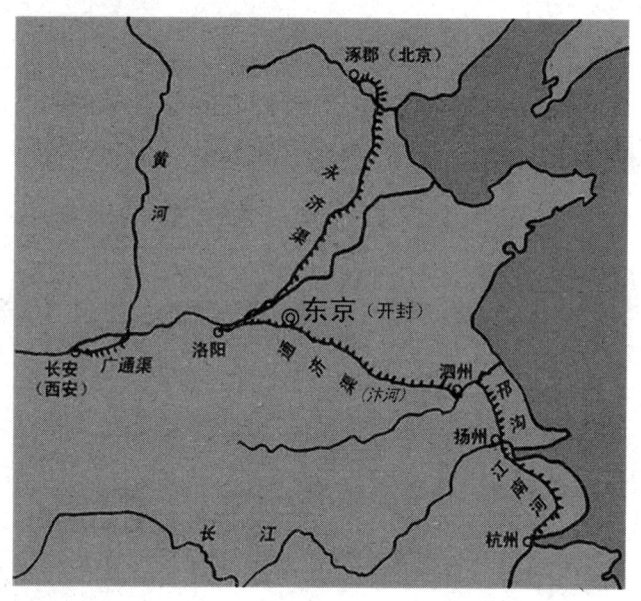

开封地理位置示意图

那么,开封之所以能成为古代都城凭借的是什么条件呢?

简单地说就是一个字——"水"。不过,这个"水"不是距离开封很近的黄河,而是指历史上曾经存在过的一条人工运河——"汴河"。

在隋朝，隋炀帝组织开挖了一条大运河。它共分为四段：永济渠、通济渠、邗沟、江南河，通过这四段运河把海河、黄河、淮河、长江与钱塘江五大水系连为一体。连接黄河与淮河的这一段叫通济渠，唐、宋时期改叫做汴渠，或汴河。

在四段运河中，汴河这一段最重要。开封就位于汴河的中上游：

　　水陆冲要，运路咽喉。

——《白氏长庆集·与韩弘诏》

地位非同一般。

在唐朝唐玄宗统治的晚期，"安史之乱"（756~763年）爆发，黄河中下游地区经济遭到严重破坏。此后，我国的经济重心南移到江南地区，首都长安的粮食和物资供应绝大部分都要依靠南方。韩愈就曾经说过：

　　当今赋出于天下，江南居十九。

——唐·韩愈《送陆歙州诗序》

唐代文学家韩愈

（768~824）

也就是说，当时国家90%的赋税、钱粮都来源于江南地区。其中，尤以江苏、浙江等地区为主。因此，大运河运输就成为国家的头等大事。换句话说，大运河是否通畅，直接关系到唐朝的生死存亡，不能出问题！

在786年的春天，也就是唐德宗的时候，在河南东南部一个藩镇——淮西节度使，出兵占领了汴河一带，抢劫过往粮船。大运河漕运受阻，长安的粮食供应出现短缺。这样，直接导致守卫长安的禁军军粮也供应不上了，士兵们用餐的标准一再降低。于是，部分军人扬言，如果朝廷配发的军粮标准再降低，就要造反了！眼看要出大问题了，这可急坏了唐德宗。就在军事政变一触即发的时候，两浙节度使韩滉以武装押运的方式，强行通过汴河，从浙江地区运米三万斛到了陕州。陕州（今河南省三门峡市陕县）已经离长安不远了。唐德宗得到这个好消息后，喜不自禁，连忙来到东宫，激动地对太子说：

米已至陕，吾父子得生矣！

——《资治通鉴》卷二百三十二

大米已经到了陕州，我父子性命可以保全了。

我们常说"民以食为天"，皇帝又何尝不是如此呢！

所以，这件事之后，唐德宗认识到，汴河就是唐朝的命脉之河，只有汴河通畅了，才可以使皇位无忧！为了保证汴河运输的安全，唐德宗就在汴河的咽喉要地开封（当时叫汴州），派驻十万重兵。随着大量驻军及其家属的到来，汴州城逐渐繁荣起来，城市人口迅速发展到三十多万。这样一来，开封就从一个一般的地方州治变成举足

唐德宗李适
（779~805年在位）

轻重的军事重镇，成为仅次于长安和洛阳的城市新贵！

后梁太祖朱温

（907～912年在位）

唐朝末年，农民起义爆发，有一个叫朱温的人，先是参加黄巢领导的农民起义军，后来，他投降了唐朝，唐朝政府反过来又利用他来充当镇压农民起义的急先锋，任命他为汴州刺史、宣武军节度使。最后，把农民起义镇压了下去。因为镇压农民起义有功，朱温的权势越来越大，官至宰相，独揽唐末的军政大权。到了907年，朱温就废掉了唐朝最后一个皇帝唐哀帝，自己做了皇帝，建立梁朝，历史上叫做后梁。因为朱温是在开封发迹的，所以，就把都城建在了开封。此后，五代的后晋、后汉和后周也都把都城建在了这里。

表面看来，开封的都城地位似乎已经无忧了。但到了北宋初期，却又起了一场迁都风波！

事情是这样的：960年，后周大将赵匡胤策划了历史上著名的"陈桥兵变"，夺取了后周政权，建立宋，历史上称为北宋。宋太祖赵匡胤暂时把都城建在了开封。但是，有一个问题始终萦绕在他的脑海里，使他很纠结。

宋太祖赵匡胤

（960～976年在位）

这个问题就是开封地形上的明显弱点！

宋太祖是一个军事家,他十分清楚地形对于国都的重要性。开封地处平原,周围一马平川,非常不利于防御,将其作为都城,是很不安全的。所以,976年,当基本完成了全国统一后,他带领一批亲近的文武大臣到他的出生地——洛阳进行参观考察。就在参观考察期间,他向大臣们说出了迁都洛阳,进而迁都长安的打算。他说:

> 吾将西迁者无它,欲据山河之胜而去冗兵,循周、汉故事,以安天下也。

——《续资治通鉴长编》卷十七

宋太祖说,我考虑了很久,打算把都城从开封西迁洛阳。而且,宋太祖还告诉大臣们:不仅迁都洛阳,将来还要迁都长安。这样,就可以依靠洛阳、长安周边山河形胜裁撤不必要的军队,因循西周、东周、西汉、东汉定都长安、洛阳的做法,以求得天下的安定。你们有什么不同意见吗?

本来呀,宋太祖以为他说了迁都打算后,只是走走过场,大臣们肯定会一致附和的。但是,大大出乎宋太祖意料之外的是,此话一出,文武大臣们竟然没有一个表示赞同的,都投了反对票!

最有代表性的反对意见是铁骑左右厢都指挥使(相当于禁卫军司令)李怀忠提出来的。他说:

> 东京有汴渠之漕,岁致江淮米数百万斛,都下兵数十万人,咸仰给焉。陛下居此,将安取之?且府库重兵,皆在大梁,根本安固已久,不可动摇。

——《续资治通鉴长编》卷十七

李怀忠强调了三点：一、东京开封有汴渠漕运的便利条件，京城百万百姓和数十万士兵都仰仗汴渠的运输；二、迁都洛阳和长安，水路运输要经过黄河，漕粮调度将困难重重，都城的粮食和物资供应无法得到保证；三、从五代以来就定都开封，宋朝建立后十多年也都定都在这里，国家的根本已经很稳固了，不能轻易动摇。

说得有理有据，也很有说服力！

作为李怀忠意见的补充，赵匡胤身边的贴身秘书起居郎李符从洛阳不宜再作为都城的角度，提出反对意见。李符谈了八条理由，即所谓"八难"：

> 京役凋敝，一难也；宫阙不完，二难也；郭庙未修，三难也；百官不备，四难也；畿内民困，五难也；军食不充，六难也；壁垒未设，七难也；千乘万骑、盛夏从行，八难也。

——《续资治通鉴长编》卷十七

李符主要从洛阳凋敝、宫阙不完、郭庙未修、百官不备、畿内民困、军食不充、壁垒未设，以及千乘万骑、盛夏从行等八个不利于建都洛阳的条件来谈的。说得也很有道理！

而宋太祖呢，毕竟是一把手，不管是出于面子，还是真的认定了迁都的必要性，仍然固执地坚持自己的意见。所以，在君臣之间，一场唇枪舌战就不可避免。

辩论到最后，有一个人不得不站了出来，他就是宋太祖赵匡胤的同胞弟弟，当时身为晋王、开封府尹的赵光义，也就是宋朝的第二任皇帝宋太宗。他在强调了汴河运输的重要性之后，说了一句话给这场争论画上了句号。他说了句什么话呢？

在德不在险。

——《续资治通鉴长编》卷十七

意思是说，都城选择在哪里并不重要，重要的是帝王有没有德行，要以德治国，不要一味凭险据守。

赵光义是宋太祖赵匡胤的亲弟弟，身为晋王、开封府尹，地位不同于一般的大臣。"在德不在险"这句说辞一针见血，十分尖刻又很微妙。而且话里有话、绵里藏针。为什么呢？"在德不在险"意味着：

一、保卫都城的安全首先要靠君王的德行。

二、只有无德之君才只凭险阻来保卫京城。

宋太宗赵光义

（976～997年在位）

难道宋太祖承认自己是无德之君吗？所以，赵光义的这句话一说出来，就使宋太祖无言以对。

另外，据《宋史》和《资治通鉴》等相关资料记载，晋王赵光义曾参与宋太祖"陈桥兵变"，是开国功臣。北宋建立后，他以晋王身份兼任开封府尹长达16年。在此期间，他大力培植自己的势力，逐渐在开封形成了一个庞大的关系网。一旦迁都，这个关系网就可能失效。所以，他必然极力反对迁都。

不管怎样，晋王说出这句话后，宋太祖就没有再坚持迁都的打算，这场争论也以宋太祖服从臣下的意见而告终。这样，开封作为北宋的都城算是稳定了下来。

那么，我们再回头全面分析一下这场辩论的过程就会发现：辩论的焦点主要还是围绕汴河展开的。赵光义"在德不在险"的说辞也只是从另外一个角度加重了建都开封的砝码而已。

所以，我们说，是汴河的重要性决定了这场"迁都风波"的结果！也是汴河改变了开封城市的命运，使它在与洛阳和长安的博弈中笑到了最后。因此，开封是一个典型的"因水而都"的城市。

同时，"迁都风波"也说明了另外一个道理：到了北宋时期，帝王择都过程中，地形和地理位置优势的重要性在逐渐下降；而随着我国经济重心的转移和商品经济的发展，交通条件成为帝王择都的决定性因素！

那么，接下来，汴河又是如何承担开封赋予它的使命呢？

二、水运往事

公元960年，赵匡胤发动兵变，建立了宋王朝，定都开封，当时称为东京。此后，赵匡胤、赵光义兄弟用了二十年的时间，结束了五代十国的分裂割据局面，完成了全国的统一。开封逐渐成为全国的政治、经济、交通和文化中心。

作为水路枢纽的开封，曾经活跃着一批特殊职业者——"押纲人"，他们为开封的经济繁荣做出了特殊的贡献。然而，这也是一项风险极高的职业，弄不好就会陷入破产的境地，使他们倾家荡产、妻离子散。那么，在"押纲人"的背后隐藏着怎样的水运往事呢？

请大家看下面这幅图画。这幅画是北宋画家张择端的《清明上河图》。它描绘的就是北宋末年都城开封的城市景观。这幅画全长525厘米,其中汴河就占了45.7%的画幅,有240厘米长。大家会注意到,在汴河上,停泊着很多船只,据统计总共有28艘。其中,大部分是运粮船。这个画面仿佛使我们看到了当年汴河繁忙的水运情景。

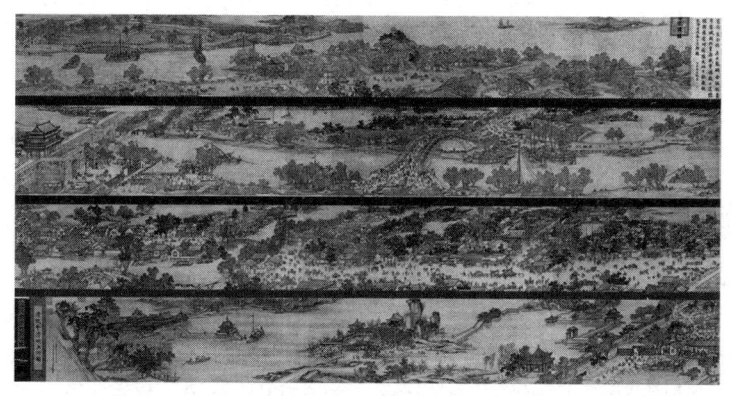

《清明上河图》

那么,在这幅画背后又隐藏着怎样的"水运往事"呢?

宋人邵伯温在《邵氏闻见录》中曾记载过这样一件事:宋仁宗嘉祐六年(1061年),王安石任知制诰一职。这个职位是专门负责为皇帝起草诏书的,是一个有权有势的显职。有一天,下朝回到家里,王安石看到一个年轻貌美的女子坐在自己的内室,大吃一惊。就问这个女子是谁,那位女子解释说:

> 妾之夫为军大将,部米运失舟,家资尽没犹不足,又卖妾以偿。

——《邵氏闻见录》卷十一

"军大将"就是军队中的中下级军官。这个女子解释说,自己是一位中下级军官的"妾"(即妻子以外的小老婆),她的丈夫在一次负责押送粮纲的过程中翻了船,按照规定,要如数赔偿。这位军官家产全部充公后,还不足以偿还损失。这位军官走投无路的情况下,就卖掉了这位小妾,用卖来的钱补充不足的部分。

那么,在这段记载的背后,又有哪些隐情呢?

原来呀,为了保证汴河运输的粮食和物资能顺利到达都城开封,北宋政府采取了三项措施:

一、设立专门的漕运机构。这个机构叫发运司,专门负责大运河运输。

二、组建纲船队伍。由政府拨出专项资金在南方地区打造大约6000艘运输船,还把每10条船分为一组,叫一纲。

三、指定押纲人员。每组纲船派遣1~3名中下级军官或大户人家子弟随船护送,称为"押纲"。如果运输过程中发生官物被盗,或船只沉没等事故,押纲人员要负责全部赔偿。否则轻则降职,重则入狱。而这位女子的丈夫就是负责押纲的人。

那么,这位押纲人的妾怎么到了王安石家呢?

原来是王安石的夫人吴氏把她买回来的。吴氏是一个既贤惠又具有浓厚封建观念的女人。她随王安石进京以后,看到当时官场上养妾之风

北宋政治家、文学家王安石
(1021~1086)

盛行，朝廷大员大多都蓄养有妾。吴氏觉得自己的丈夫官高位显，家里又不差钱，所以，就私自做主把那位女子买到了家，准备给王安石做妾。王安石问明了情况后，责怪吴氏不该那样做，就把那位女子送回了家和丈夫团聚，钱也不再追讨。

这个故事中说到的纲运制度在北宋很普遍。当长途转运大宗或贵重货物的时候，往往分批启运，每批以若干车辆或船只为一组，并给每组编号，以便稽查，这就叫纲运。所以，有粮纲，还有盐纲、茶纲，运送花石的叫花石纲、祝贺生辰的叫生辰纲等。

大家熟悉的《水浒传》里曾讲到，杨家将的后代"青面兽"杨志就曾经押送过花石纲，专门从苏州的太湖地区通过大运河运送奇花、异石到东京开封，建造皇家园林艮岳。另外，他还押送过生辰纲。但两次押纲都出了事，押送花石纲翻了船、押送生辰纲被劫。因为押送的官物价值连城，无法赔偿，所以，杨志在走投无路的情况下，被逼上了梁山。

《邵氏闻见录》里记载的这件事和杨志押纲的故事都说明：押纲是冒着巨大风险的，的确有不少军官和中等富裕的家庭因为粮纲损失而家破人亡。但是，风险往往与利益相伴随！押纲如果只有风险、只有倒霉，岂不要闹得民怨沸腾了吗？所以，在风险的背后肯定还有一定的经济利益。会是什么利益呢？

那就是"夹带"。

"夹带"就是运载私货。为了提高押纲人的积极性，宋政府规定，漕船80%的运载量用于装载漕粮和货物，另外20%允许搞点"夹带"，就是运载点私货，可以到都城开封售卖，挣一些外快，补贴运费的不足。根据大运河运输船的载重量计算，每船夹带的私货有 5 千斤到 1 万斤不等。一般都是来自江、浙一带的土特产品，比如丝绸、瓷器、竹木器、海货、香料等，大多是东京开封市场稀缺、市民又非常喜欢的商品。回船的时候，再从开封市场上携带一定数量的商品运到南方去卖。这样，一来一回，就会有一笔不菲的收入。这就是说，对于押纲人来讲，漕运途中只要不发生意外，就是有利可图的！所以，像上面的那位军大将和杨志这一类押纲人还是愿意冒一定风险去应那份差事的。

随着"押纲人"押送的漕船以及大量的"夹带"货物进入东京开封，又引出了另一个与大运河运输有关的问题：张择端的《清明上河图》命名的问题。换句话说，此幅画为什么叫"清明上河图"？

关于这个问题有不少争议，直到今天也没有统一的说法。在我看来，这还是与北宋汴河的运输制度有关，只要弄清了汴河的运输规律，这个问题就很清楚了。

汴河运输的关键是什么？是汴河的通畅。

但是，汴河引用黄河水作为水源，泥沙含量大，所谓"一碗水半碗沙"啊！久而久之，必然造成泥沙淤积。为此，从唐代开始，就形成了汴河的清淤制度。到宋代，清淤制度逐渐完善起来。根据史书记载：

> 汴河旧底有石板石人，以记其地理。每岁兴夫开导，至石板石人以为则，岁有常役，民未尝病之。
>
> ——北宋·王巩《闻见近录》

当时采用的办法是：在汴河河床底部，铺上石板石人作为标志，每年征发丁夫清淤，清理到石板石人为止。每年如此，已经变成经常性的工作了，老百姓也没有感到是太大的负担。这种清淤制度在北宋中后期虽然有所松懈——从每年一清淤，变成了每两年、或三年一清淤，但基本上还是一直坚持了下来，保证了汴河的通畅。

但清淤的同时就又带来另外一个问题，即清淤期间，必须首先关闭汴河在黄河的引水口，然后把汴河河床的水排干。这就意味着，汴河并不是全年都通航的。这又会造成什么影响呢？北宋史书记载说：

汴渠旧例，十月闭口，则舟楫不行。

——北宋·魏泰《东轩笔录》

按照惯例，汴渠在阴历十月份要关闭引黄的河口，进行清淤工作。于是，汴河就无法通航了，重新打开汴渠河口的时间是来年的阴历二月份。这样算来，汴河每年要停航大约四个月左右，每年通航时间只有200多天，这在一定程度上影响了对东京粮食和物资的供应。也就是说，几乎整个冬天，东京的城市消费供应不得不依靠国家库存的粮食、物资。当库存极度短缺时，就得通过陆路运输。

所以，东京一百多万人口都盼着汴河开河呢！

那么，每年开河后进入东京的第一批纲船是在什么时间呢？有一条史料为我们做了说明：

> 发运司岁发头运粮纲入汴,旧以清明日。
>
> ——《续资治通鉴长编》卷三百二

按照传统规定,发运司每年发运的头纲船进入东京的日期就在清明节。

所以,清明节这一天,汴河漕运最为繁忙。近万艘船只在汴河里绵延数十里,情景十分壮观。于是,都城开封的人们纷纷走出家门,到汴河观看漕运盛景。汴河两岸往往观者如堵,异常热闹。不过,吸引东京市民纷纷来到汴河的却还有别的原因,是什么呢?

其一,清明节是东京的重要节日。根据孟元老的《东京梦华录》记载,清明节是北宋东京的一个重大节日。节日期间,皇帝要带领文武大臣隆重举行纪念介子推的活动;市民百姓则到郊外扫墓,纸马铺卖上坟祭品。同时,清明时节,汴河沿岸和郊外的柳树已发出新芽,人们在家里猫了一个冬天,都憋屈坏了,于是纷纷到郊外踏青。而这些活动,在《清明上河图》中都有所反映:图中的第一部分即描绘出了市民到郊外扫墓而归的情景;在虹桥附近则有一些商铺摆出上坟用的纸马来出售。张择端以汴河为主线烘托出了清明时节都城开封的清平和乐情景。

其二,到河市上进行交易。前面我们讲到,为了保证漕运的安全,宋政府做了一项特殊的规定,就是"押纲"和"夹带"制度。所以,清明节这一天,大量漕船进入东京,漕粮储放在东京外城的几个国家粮仓里(汴河东水门外之虹桥附近的元丰、顺成、广济、富国、永丰等仓)。漕船上夹带的私货则随船进入城内,沿汴河两岸就形成了清明"河市"。

河市是由于大量漕船贩私夹带的商品和其他客商来到东京而形成的临时交易场所。由于河市的出现，汴河两岸的城市地块成了寸土寸金的风水宝地。政府享有优先使用权，在汴河两岸设立了众多停船的码头，存放货物的堆垛场，水磨、茶场等。其他空地，政府以租赁的形式交由商人经营，经营者向政府缴纳一定数额的课税。

不过，在汴河两岸，大量出现的还有一些做临时买卖的地摊。据史书记载，到北宋后期，由于摊贩不按规定摆摊设点，占道经营，影响了桥路的通行，政府曾多次下令禁止在虹桥等城内的主要过往桥面上经营。但是，看来政府的规定效果并不明显。我们从《清明上河图》所绘的虹桥上，仍可以看到：桥头上搭有凉棚多处，还有大型的遮阳伞，棚伞之下是各种摊贩正在贩卖物品，异常热闹。

《清明上河图》虹桥

直到今天，在开封占道经营的情况仍很普遍。看来，这北宋留下来的不守规矩的经营习惯过了千年也没有改变啊！

同时，随着清明开河，还有其他大量的船只，比如商船、官员进京、士子游学、来东京旅游、外来使节等船只进入东京。

因此，清明节对于东京人来讲，就有了特别的意义。他们或至郊外祭扫坟墓；或到汴河两岸看热闹；或去汴河河市买些稀罕货，用我们今天的话来说，就是去淘宝；或者来到汴河两岸仅仅为了休闲观光。整个城市也一改冬季汴河停运时的萧条景象，呈现出勃勃的生机。

画家张择端虽然不是开封人（他是山东诸城人），但他曾经长期在东京开封游学，对北宋末年东京城市的生活是非常熟悉的。他就选择了清明节这个东京最有特色的时间点，抓住了大运河这个最为重要的线索，描绘了北宋宋徽宗宣和年间（1119～1125年）汴河两岸的繁华景象，为我们留下了一幅关于大运河的千古名画。

通过对大运河运输特点的分析，我们也就弄清楚了学术界长期以来关于"清明上河图"名称来历的争论。简单来说，"清明上河"就是东京人在清明节上汴河去观光、去交易、去看热闹的意思。直到今天，开封人出门逛街、购物还说"上街"，这与"清明上河"中"上"的用法是一样的。

三、不夜水城

千年前的开封是一个国际化的大都市。宋太宗的乘龙快婿柴宗庆曾经用"曾观大海难为水,除去梁园总是村"来形容它,梁园是开封的代称。在见多识广的柴宗庆看来,在繁华的开封城面前,其他的城市简直都是村子。

那么大运河滋养下的开封到底呈现出怎样的繁荣?为什么说开封是近现代城市夜生活的源头呢?

各种有效的水运制度，保证了大运河运输的通畅。大运河就如同今天的高速公路、高速铁路，源源不断地为都城开封输送着粮食和物资，使之逐渐成为全国的首善之区。孟元老在《东京梦华录》里用"八荒争凑，万国咸通"来描述它，说东京开封是一个国际化的大都市。宋人柴宗庆曾用"曾观大海难为水，除去梁园总是村"来形容它。梁园是开封的代称，在柴宗庆看来，与都城开封相比，别的城市简直都是村子！那么，大运河滋养下的开封到底呈现出了怎样的繁荣呢？下面，我们通过"不夜水城"这个角度给大家做以介绍。

现代社会，夜生活已经成为城市生活不可分割的组成部分。尤其是夜市已经成了许多旅游城市的一道风景线。我个人认为：有没有夜市、夜市是否露天开放、夜市经营到什么时间往往能够反映出这个城市的特点。凡是历史悠久的文化名城大多都有夜市，都有露天的夜市，而且都会经营到深夜。相反，许多新兴的现代城市则没有夜市，更没有露天夜市！不过，追根溯源，大规模的城市夜市的起源地是在北宋的开封。

在北宋以前，都城居民是没有夜生活的。比如，唐代的长安和洛阳的普通百姓都居住在"里坊"里边，四周有高墙，每天晚上以街鼓为号令定时关门，晚上全城宵禁。唐人有诗形容说：

六街鼓歇行人绝，九衢茫茫室有月。

——唐·无名氏《秋夜吟》

晚上鼓声响过之后，长安的大街上就没有行人了，只剩下了当空的明月。如果谁敢夜里出门，叫"犯夜"，往往要受到极其严厉的处罚。比如,唐宪宗元和三年(808年),有一个宦官小头目叫郭里旻,因为晚上喝了酒,没有及时回到宫里,结果在大街上被巡逻的士兵"执金吾"抓到了,当即杖杀,就是用军棍活活打死。只有在特殊时候,比如元宵节举行灯会,或者皇帝登基、皇帝寿辰等特殊时候,才暂时取消宵禁三、两天。

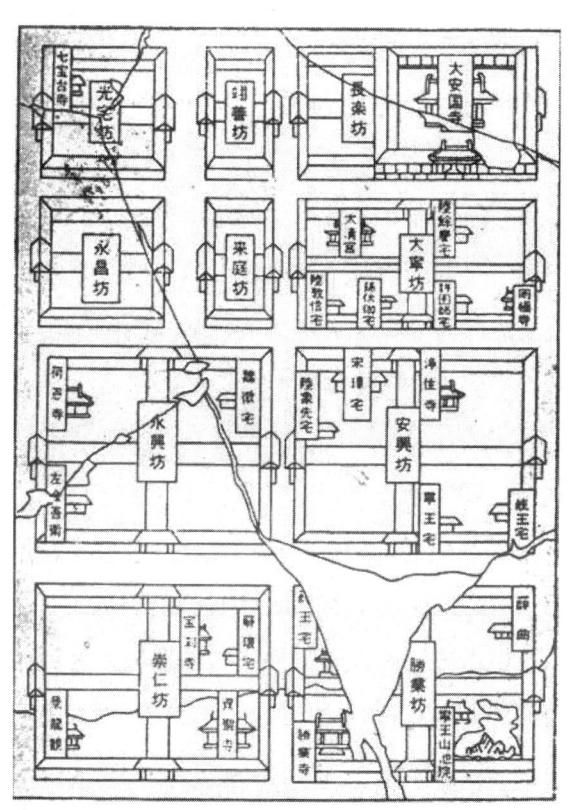

唐代长安里坊结构示意图

在这种里坊制度下,居民生活不自由,更没有夜市和夜生活。

但到了北宋，都城开封的坊墙已经不复存在，里坊制度也名存实亡了。代替封闭的里坊制度的是一种全新的开放性街市制度。这种开放性的街市格局我们在张择端的《清明上河图》上可以看得很清楚：汴河两岸熙熙攘攘的人流，街道两旁疏密有致的房屋，以及随处可见的自由交易、悠然自得的市民等。这个变化过程是如何实现的呢？

客观地说，从严格的里坊制度到开放的街市制度的转变经过了一个复杂的过程。但就开封城市而言，带来这种变化的主要原因有两点：

第一，大运河贸易往来影响了城市格局。我们知道，隋唐以来，开封就是一座大运河城市。大运河沿岸的城市大多都是由于频繁的物资交流和商品交换而形成的，沿河两岸很容易形成自由交易的市场。因此，具有明显的开放性特点。

第二，无法恢复里坊制度。根据史料记载，北宋建都在开封的时候，曾经试图对东京城市按照隋唐里坊结构进行重新规划。但却面临一个最突出的问题，就是拆迁。提到拆迁，我们大家都深有感触，它有两难：一是成本巨大；二是有可能引起社会动荡。这就是说，城市拆迁问题并不是现代城市发展才遇到的问题，在一千多年以前的开封就遇到了。最后，北宋政府权衡利弊，并出于稳定的考虑，放弃了里坊式的城市规划，基本保留了原有的城市格局。这样，就使北宋东京城内不再有里坊结构，取而代之的是开放式的街市。

请大家注意，这是中国都城乃至城市发展史上一个里程碑式的大变革。

我们知道，都城是封建国家的城市样板。都城采取什么样的制度，地方的一般城市就可以仿效，就是"照此办理"，但在城市规模上不能越轨，不能逾制。所以，北宋东京采取了开放式的街市结构，就意味着全国其他城市也都允许以这种形式而存在了。

同封闭式的里坊结构相比，开放式的街市结构使城市居民的生活获得了前所未有的自由：

其一，居住的自由。除了皇宫、府衙，在城内可以自由选择居住地点，只要你有钱、只要你愿意。

其二，出入的自由。出入自己的家庭不再受到限制，只要拿上自家的钥匙，你愿意什么时候回家，就什么时候回家。

其三，买卖的自由。原先城市的商品买卖被限制在东、西两市里边，唐代的长安城就是这样。而北宋的东京城内到处都可以是经营的场所。汴河码头、桥梁和城门附近都成了交易的场所，甚至在专门用于皇帝出入的御街两旁也出现了商铺，这种情况在北宋以前的都城是不可想象的。

对都城居民生活带来更为巨大影响的是夜生活方面。由于不再"宵禁"，开封的夜市也是在北宋时期形成的。丰富的夜生活开始成为普通市民生活的一部分，开封成为我国历史上第一座全天候的不夜都会。

现代开封鼓楼夜市

下面我们借助柳永、苏轼和刘子翚这三位宋代文人的个人经历来说明北宋都城开封三个不同时段的夜生活。

第一个时段——黄昏。柳永是北宋著名词人，他是福建人。因为参加科举考试和在开封做官的缘故，曾长时间在开封生活，并写下了很多描写开封城市生活的诗词。

黄昏的开封是什么样子？在柳永的一首《雨霖铃》词里就得到了反映：

寒蝉凄切，对长亭晚，骤雨初歇。都门帐饮无绪，留恋处，兰舟催发。执手相看泪眼，竟无语凝噎。念去去，千里烟波，暮霭沉沉楚天阔。

多情自古伤离别，更那堪，冷落清秋节！今宵酒醒何处？杨柳岸，晓风残月。此去经年，应是良辰好景虚设。便纵有千种风情，更与何人说。

——北宋·柳永《雨霖铃》

这首词文辞华美、情真意切、感人至深，还被选入了中学课本。从"对长亭晚"、"兰舟催发"、"楚天阔"、"清秋节"等词意分析，这首词描述了一个秋天的黄昏，柳永与恋人在开封分手，准备乘船沿汴河南下的情景。《雨霖铃》一词透露出：

北宋词人柳永
（约980~1053）

其一，黄昏时分，开封人的夜生活拉开了序幕。而汴河岸边的长亭、酒馆、茶楼成了惜别、相聚、休闲的场所，人气开始旺起来。

其二，汴河不仅有大量漕船，晚上还有客运船只，说明了汴河运输的繁忙。

其三，汴河是一个庞大的水运网络系统。通过汴河可以进入长江，到达柳永要去的楚地，也就是今天湖北、湖南两省所在的区域。

第二个时段——入夜。宋仁宗嘉祐元年（1056年）的秋天，20岁的苏轼和弟弟苏辙一起从老家四川眉州到京城开封参加科举考试。这是苏轼第一次到开封，正遇上京城大雨过后，蔡河决口，城内多处积水，城南很多房屋被水所淹。他们安顿好住处以后，已到了晚上。肚子饿了，要吃东西。于是，苏轼兄弟就出来找吃的。令苏轼吃惊的是，即使在遭受了大水之后，当他和弟弟登上龙津桥时，在皎洁的月光下，只见桥下灯火辉煌，食客摩肩接踵，热闹非凡——苏轼和苏辙兄弟看到的就是龙津桥的夜市场景。

后来，苏轼南下巴东（今四川宜宾）的牛口镇，同样是在皎洁的月光下，但牛口的夜晚却出奇的宁静，这使他不禁又想起第一次到开封所见到的夜市情景。于是，他留下了一首诗：

忽忆丙申年，京邑大雨滂。

蔡河中夜决，横浸国南方。

……

新秋忽已晴，九陌尚汪洋。

龙津观夜市，灯火亦煌煌。

——北宋·苏轼《牛口见月》

苏轼诗中所说的蔡河是汴河南边的一条运河，也叫惠民河。前面我们一直只说到开封的汴河，实际上，开封城内有汴河、蔡河、广济河（也叫五丈河）、金水河四条运河穿过。除了金水河主要是供应皇宫用水外，其他三条运河都可以通航。所以，北宋开封是一座典型的"北方水城"。苏轼诗中提到的龙津桥是

北宋文学家苏轼
（1037～1101）

蔡河上的一座桥梁，正好位于御街与蔡河交汇的地方，附近人口稠密，夜市生意兴隆。所以，很多年过去了，都城给青年时期的苏轼留下印象最深的还是龙津桥夜市。

开封的夜市形成于宋太宗（976～997年在位）时期，到宋仁宗（1022～1063年在位）统治时期，夜市的规模已相当庞大，经营夜市的地点也有好几处。北宋末年的孟元老就在《东京梦华录》中，用了大量篇幅描述蔡河上的龙津桥、汴河上的州桥，以及市中心马行街等处的夜市，描述夜市上花样繁多的饮食小吃。到了现在，很多到开封的游客还会发现，这些区域仍然是开封主要的夜市区。

第三个时段——深夜。北宋的诗人刘子翚和柳永一样也是福建人，青少年时期曾跟随在京城做官的父亲在开封生活，一直到28岁。北宋灭亡后，他逃亡到了南方的杭州。回想起在开封的美好生活，他写下了《汴京纪事二十首》，其中有一首写到：

梁园歌舞足风流，美酒如刀解断愁。

忆得少年多乐事，夜深灯火上樊楼。

——北宋·刘子翚《汴京纪事二十首》之一

梁园有令人留恋的歌舞和美酒，但令人最难忘的乐事还是夜深了，登上灯火辉煌的樊楼。是什么乐事使刘子翚如此钟情于樊楼呢？

《东京梦华录》记载，宋徽宗年间，开封有72家"正店"、上千家"脚店"。所谓"正店"就是能从政府获得造酒许可，自己造酒的高档酒楼；"脚店"则是只能从大酒楼批发酒的规模较小的酒店。樊楼被称为72家"正店"之首，它位于皇宫的南边不远处的地方，由东、西、南、北、中五座三层楼组成，楼与楼之间有飞桥相连，规模庞大；有很多豪华雅间，并有陪侍、劝酒的歌女。每天晚上，灯火辉煌，顾客如织，不亚于现代的五星级大酒店。所以，樊楼就成了像刘子翚这样的王公贵族、文人士子向往的豪华餐饮娱乐场所。在《水浒传》中，也多次提到樊楼，就连身为天子的宋徽宗也抵挡不住樊楼的诱惑，多次深夜里到樊楼与京师名妓李师师约会。

夜生活在北宋都城开封的出现是一个巨大的历史进步：

首先，它延长了城市居民的生活时间，开启了城市居民全日制的生活方式。

其次，激发了城市居民的想象力和创造力，为更丰富的文化创造提供了条件。

另外，也只有在朦胧的夜晚，人们才能发现"蓦然回首，那人却在，灯火阑珊处"（辛弃疾《青玉案·元夕》）那样美妙的人生体验！

　　所以，从这个意义上说，开封是我国近现代城市生活的源头，在我国都城发展史上具有举足轻重的地位。

第三章 "水"之开封

四、载舟之水

开封城因为处于大运河的枢纽，水系丰富，才成为时代的宠儿，做了168年的北宋都城。从某种意义上来说，没有水，就没有开封城的繁荣，也就没有"不夜水城"的称号！北宋开国皇帝赵匡胤更是从立都之本的水中寻找到了令后世文人交口称赞的治国之道。

那么，宋太祖赵匡胤寻找到的是什么样的治国之道呢？

如何处理好君主与百姓之间的关系一直是古代统治者关心的核心话题。关于这个话题，最有名的一个说法是战国时期的思想家荀子在其著作《荀子》里的一段话：

君者，舟也；庶人者，水也。水则载舟，水则覆舟。

——《荀子·王制篇》

战国思想家荀子
（约前313～前238）

这段话是《荀子》引述孔子的话。在这句话里，把君王比作舟船，老百姓比作水。水能载起舟船，但弄不好也能倾覆舟船。

后来，唐太宗李世民和大臣们讨论治国之道的时候，谏臣魏征又重提这句话，对唐太宗说：

君者，舟也；人，水也。水能载舟，亦能覆舟。

——《贞观政要·政体》

魏征说的这个"人"指的是什么人？就是以百姓为主的广大社会群体，比《荀子》所指的"庶人"的范围略为扩大了一些。

到了北宋，君与民之间的这种"舟"、"水"关系更是被作了创新性的发挥。如何创新的呢？

开封凭借汴河便利的运输条件成为全国的都城，有效的水运制度又为开封的繁荣奠定了基础。所以，北宋统治者更懂得"水能载舟，亦能覆舟"的道理，小心翼翼地呵护着水，谨慎地探索着治国之道。

我们知道，北宋开国皇帝宋太祖赵匡胤是通过发动"陈桥兵变"从后周手里夺取了政权的。他有两点深刻的体会：

其一，武将专权是"祸水"。五代王权的频繁更迭，根本的"祸水"在于武将手握重兵，专权跋扈，导致国家动荡不安。所以，北宋建立伊始，宋太祖就采用"杯酒释兵权"的高明手段，剥夺了部分大将的兵权，对军事制度进行了彻底的改革。杜绝了五代时期武将专权、进而夺权改朝换代的现象发生，保持了宋代统治的相对稳定。

其二，文臣可以成为"载舟之水"。文人士大夫的性格与水非常相近，表面柔弱，实则刚强。柔弱则易于控制，刚强的一面则可以引导社会正气，以此来维护赵宋江山社稷的长治久安。

所以，宋太祖虽说是武将出身，却非常重视知识、重用文人士大夫。史书上多次出现他要求宰相赵普读书，要求武将也要多读书的记载。尤其值得称颂的是，他在位时，给后世子孙立下了一条规矩：

不得杀士大夫及上书言事人。

——南宋·陆游《避暑漫抄》

要求继位的皇帝不能杀害士大夫和上书言事的官员，要与士大夫共治天下。后来，这成了北宋的一条习惯之法、祖宗之法，继任的皇帝基本沿袭了宋太祖立下的这个约法。怎么能够证明宋太祖制定的这个祖宗之法得到了后来皇帝的贯彻执行了呢？

宋人侯延庆在《退斋笔录》里记载的一件事就可以作为佐证。这件事是这样的，宋神宗元丰五年（1082年），宋军与西夏交战。西夏是游牧民族党项族建立的一个少数民族政权，中心位置在今宁夏的银川一带。本来，宋神宗以为，宋军与弱小的西夏交战应该是胜券在握的，结果呢？宋军却败给了西夏。宋神宗异常震怒，决定追究战败的责任，要一查到底，惩治主要责任人。查来查去，追究到了一位漕官（通过水路押运粮草的官员）的身上。因为这位押粮官没有及时把粮草运送到前线，才导致了战败。于是，宋神宗当即下令把这位押粮官杀掉。

宋神宗赵顼

（1067～1085年在位）

第二天一上朝，宋神宗还惦记着这件事，就问负责办理此事的宰相蔡确：

　　上曰："昨日批出斩某人，已行否？"

　　确曰："方欲奏知。"

　　上问："此事何疑？"

　　蔡曰："祖宗以来未尝有杀士人事，不意自陛下始。"

　　上沉吟久之，曰："可与刺面，配远恶处。"

　　门下侍郎章惇曰："如此，即不若杀之。"

　　上曰："何故？"

　　曰："士可杀，不可辱。"

　　上声色俱厉曰："快意事便做不得一件！"

　　曰："如此快意事，不做得也好。"

——南宋·侯延庆《退斋笔录》

根据这段对话推测，这位押粮官一定是一位文职官员，属于宋太祖划定的"士大夫"范围。失职肯定是要处理的，但因为他的士大夫身份，就不能杀头。所以，宰相蔡确和门下侍郎章惇才为此据理力争，而且底气还那么足。宋神宗虽身为天子，也没有违背祖宗之法。所以，尽管一肚子的不高兴，最后还是赦免了这位押粮官。

我们知道，文人士大夫是一个非常特殊的社会阶层，知识是他们唯一的资本。"不杀士大夫及上书言事人"这项规定给北宋文人士大夫提供了发挥他们聪明才智的广阔空间。一方面，一旦从政，他们就可以尽量施展才华，来实现自己的政治抱负。另一方面，如果政治上失意了，也不至于掉脑袋。换个环境，可以继续从事文化创造活动。司马光主持编纂史学名著《资治通鉴》就是一个例证。

还是宋神宗在位的时候，在上文提到的宋夏交战之前，王安石做了宰相，进行大刀阔斧的变法改革。而司马光则不主张大规模变法，和王安石意见相左。宋神宗是支持王安石变法的，于是，就给司马光安排了个闲职，把他打发到洛阳去了。司马光在洛阳这一闲就是15年。15年间，他并没有因为和王安石政见不同而给自己带来性命之忧。相反，因为不再被政务缠身，他就专门组建一个班子，组织一批学者编写史书，史学名著《资治通鉴》就是在这15年间完成的。

所以，在很多人的印象里，北宋是一个软弱的王朝：不仅没有出现过什么盛世，还经常被北边的少数民族政权像辽、西夏、金所打败。但是，北宋却出了像包拯那样铁面无私、清正廉明，像范仲淹那样"先天下之忧而忧，后天下之乐而乐"（《岳阳楼记》）的官员。同时，宋代的文化成就也十分突出，在文学、史学、哲学、书法、绘画、科技等各个方面都达到了一定的高度。

北宋政治家包拯
（999～1062）

著名宋史专家邓广铭先生评价说：

宋代是我国封建社会发展的最高阶段。两宋期内的物质文明和精神文明所达到的高度，在中国整个封建社会历史时期之内，可以说是空前绝后的。

——邓广铭《宋史十讲》

"空前"容易，"绝后"很难啊！所以，邓先生对两宋文化给予了很高的评价。我觉得，宋代包拯、范仲淹这些人物的出现、突出的文化成就的取得与其长期执行的"不杀士大夫与上书言事人"的国策是密切相关的。它使文人士大夫这个社会精英阶层与统治者的命运捆绑在一起，同呼吸、共患难，共同创造了那个时代的文化传奇。与此同时，包拯、范仲淹、司马光这些人物和卓越的文化成就又使都城开封熠熠生辉。

现在流行穿越，我曾经在我的课堂上对同学们做过一个很有意思的调查：如果让大家穿越历史时空，回到古代，大家愿意回到哪一个朝代？很多同学都回答愿意回到盛唐。但是，在被问到愿意回到古代哪一座城市的时候，绝大多数同学都回答愿意回到北宋的开封！这再一次说明了北宋开封在大家心目中的地位。

水滋养了开封这座古城，更哺育了长达一个半世纪之久的开封文化。也进一步印证了"上善若水，水善利万物而不争"（老子《道德经》）的先哲古训。所以我们没有理由不爱护水、不敬畏水。

古代如此，今天尤其应该如此！

结　语

然而，历史往往爱跟人开玩笑！到了宋徽宗统治末期，却置"水能载舟，亦能覆舟"的警示于不顾。仰仗着祖宗打下的基业，大肆挥霍浪费，尤其是通过大运河运送"花石纲"到开封，大建皇家园林艮岳，《水浒传》里倒霉的杨志就是为宋徽宗负责押送"花石纲"的押纲人。宋徽宗大建皇家园林，弄得国库空虚还不算完，同时还任用了像蔡京、高俅这一类的奸佞小人做宰相、枢密使，直到把国家弄得政治腐败、财政危机、民怨沸腾。所以，1126年，当北方的金兵攻打开封的时候，北宋政府就无力抵抗了。

1127年，开封城被金兵攻破，宋徽宗和他的儿子宋钦宗做了俘虏，被掳掠到北方，这就是所谓的"靖康之难"，北宋统治灭亡，开封失去了都城地位。从此以后，汴河逐渐失去了维护，逐渐淤塞。又过了50年后，汴河就逐渐干涸，无法通航了。

不仅如此，北宋以后，黄河在开封附近也开始频繁地泛滥。据史书记载，从1127年到1911年的785年间，黄河决溢的年份有267年，其中有99年决溢的地点都在开封附近，其中又有数十次泛水袭城，七次开封城内遭到水淹。其中，最严重的一次是明末崇祯十五年（1644年）。

这一年的四月，李自成率领八十多万农民起义军攻打开封。由于城墙坚固，加上守城的士兵顽强抵抗，起义军一直打了六个月还没有把开封城打下来。到了九月中旬，城内断粮了，连树皮、草根都被吃光了，甚至出现了人吃人的现象。在走投无路的情况下，守城士兵扒开黄河大堤，水淹起义军。由于起义军所住的地方地势高，仅仅被淹死了三万多人。紧接着，起义军以牙还牙，在黄河扒开了另外一道口子，借以淹没开封城。这两道口子下来的河水就在开封城北汇成一条河流，直冲开封城而来。当时是夜里，又下着大雨，汹涌的河水就从开封城的北门冲进了城内。结果，惨剧就发生了：

  九月十七日，扬波鼓浪，洪水泼天，汹涌泛涨，倾陷城垣。

  居人溺死者十有八九，救援不及一二，叫苦连天，呼救满河，如鱼之游于沸鼎之中，可怜数十万无辜生灵，尽葬鱼腹之内。

——《如梦录》

在起义军攻打开封城以前，开封城内有守军十万，百姓二十七万，总共三十七万人，大水过后，城内只剩下了三万人，三十四万人葬身鱼腹。

一次次的水患不仅给开封城带来了城市的破坏、生命财产的损失，也使开封城的地理面貌发生了根本性的改变。开封城区地面的平均海拔至少增高了十米，并因此形成了"城摞城"的奇观。

据考古和文献资料证实，在现在的开封地面以下有六座城池，分别是：魏大梁城、唐汴州城、五代北宋东京城、金代汴京城、明代开封城，以及清代开封城。这六座城的基本格局一直都没有发生大的变化，甚至北宋时期的城市中轴线御街，仍然是现代开封城区的中轴线。

开封"城摞城"示意图

开封人在一次次水患之后，又重新在残破的城市上重建家园，既反映了故土难离、安土重迁的民族传统，更体现了百折不挠、生生不息的民族精神。

由于黄河的泛滥，造成开封大量的历史文化遗存被深埋在地下，也造成了现代开封的发展举步维艰。所以，在六大古都中，开封不仅地面上具有代表性的文化遗存最少，而且其城市发展的水平也是最低的。这就使得许多人对开封的记忆往往是朦胧的、如梦如幻的。到过开封的朋友大都有一个印象：白天的开封不如夜晚的开封，看见的开封不如传说中的开封，现实的开封不如书本里的开封。

因此，开封城市发展的历史不仅说明便利的交通在帝王择都时的重要地位，而且再次说明交通条件的变化与古代都城的兴衰之间有多么密切的关系！

北宋的灭亡，意味着开封作为全国性都城地位的丧失。那么，接下来，我国都城的下一站又会到哪里呢？

请看下一章："诗"之杭州。

附：历代建都开封一览表

政权名称	起止时间（年）	都城类型	文化遗存和景观
战国魏	前365~前225	诸侯封国都城	1．5A景区：清明上河园、龙亭公园 2．4A景区：开封府、包公祠、大相国寺、铁塔公园、中国翰园 3．3A景区：天波杨府 4．2A景区：万岁山游览区、刘少奇纪念馆 5．全国重点文物保护单位：宋东京城遗址、山陕甘会馆、河南大学近代建筑群等
后梁	907~909，913~923	割据分裂时期都城	
后晋	938~946	割据分裂时期都城	
后汉	947~950	割据分裂时期都城	
后周	951~959	割据分裂时期都城	
北宋	960~1127	统一王朝都城	
金	1214~1234	少数民族政权都城	
合计	366		

注：文献资料反映，夏都老丘位于开封附近的国都里村附近。但是，按照古都学通行的观点，夏朝都城缺乏足够的考古证据，所以不计入建都时间内。

第四章

"诗"之杭州

本章序

俗话说"上有天堂,下有苏杭"。在人们的印象中,杭州就是一个温柔美丽的人间天堂。这里有"淡妆浓抹总相宜"的西湖美景,还有西湖醋鱼、宋五嫂鱼羹等历史悠久的美食。美景、美食当然少不了美丽的爱情,中国四大爱情传说其中有两个就发生在这里:《梁祝传说》和《白蛇传传说》。然而,大名鼎鼎的杭州在唐、宋之前却默默无闻。

那么,它究竟是如何名闻天下的?一向温婉恬淡的杭州为什么会意外地与政治扯上关系,一跃成为南宋都城?外表阴柔的杭州,究竟有没有阳刚的品格呢?

本章将从"城以诗名"、"诗画生活"、"如诗传奇"和"英雄史诗"四个视角为您解读"诗"之杭州!

一提到杭州，首先让人联想到的往往不是高大的城墙、神秘的皇陵，也不是高耸入云的千年宝塔、万国来朝的盛世辉煌，而是充满魅力的天堂都市、如诗如画的西湖美景。所以，在六大古都中，杭州是一个充满诗情画意的城市。

　　基于此，我觉得，用"诗"这个字来概括杭州是比较恰当的。下面，就从"城以诗名"、"诗画生活"、"如诗传奇"和"英雄史诗"四个方面来谈一谈"诗"之杭州。

第四章 "诗"之杭州

一、城以诗名

北宋词人柳永曾作《望海潮》一词来描述杭州,被传诵一时。据《鹤林玉露》记载,金朝的皇帝完颜亮读到了这首词,被词中描述的美丽、富庶的杭州所打动,"遂起投鞭渡江之志。"打算率领金兵渡过长江天险,攻占杭州!《桯史》也记载说,这位完颜亮还曾特意派画家偷渡杭州,实地画出柳永词中描绘的杭州城邑、吴山、西湖等美景。当画师把画好的杭州胜景图献给他的时候,这位皇帝还特意让画家在吴山绝顶画上自己骑马而立的高大形象。这位皇帝真不愧是一位超级杭州迷啊!

历史上,用优美的诗词来赞颂杭州的文人远不止柳永一个人。而且,在赞美杭州的诗词篇章里,还有比柳永的《望海潮》知名度更高的。都有哪些呢?

江山要有文人捧啊！杭州的名气就是古代文人用诗词捧出来的。首先捧杭州的是唐代诗人白居易。

他有一首词道：

江南忆，最忆是杭州。

山寺月中寻桂子，郡亭枕上看潮头。

何日更重游？

——唐·白居易《忆江南》

白居易

(772～846)

白居易曾担任过三年的杭州刺史，对杭州留下了美好的印象。晚年写下了这首词，词中提到了灵隐寺、钱塘潮等。在白居易眼里，江南所有的城市中，最使他留恋的是杭州，最让他看重的也是杭州。本来，在南方城市中，扬州、苏州和南京出名都比杭州早，名气也都在杭州之上。但由于白居易是唐代著名的大诗人，又结合自己的亲身体会所写，所以，他的这首词一出，使杭州名气大振，似有超过扬州、苏州和南京的趋势。

接下来，大家都熟悉的北宋大文豪苏轼的一首诗更使杭州人气大增：

水光潋滟晴方好，山色空蒙雨亦奇。

欲把西湖比西子，淡妆浓抹总相宜。

——北宋·苏轼《饮湖上初晴后雨》

西子，即西施，是春秋时期越国一个浣纱女，后来被越王勾践献给了吴王夫差。西施和王昭君、貂蝉、杨玉环被誉为我国古代"四大美女",而西施是"四大美女"之首,所以说是天下第一美女。苏轼把西湖比作西施,西湖也就当然成了天下第一美湖。从此,杭州人气大增,成了人人向往的旅游胜地、人间天堂。

到了南宋时期,诗人林升的一首诗就使杭州无人不知、无人不晓了:

　　山外青山楼外楼,西湖歌舞几时休?
　　暖风熏得游人醉,直把杭州作汴州。

——南宋·林升《题临安邸》

林升的这首诗既写西湖也写杭州,还把杭州和北宋都城汴州(即开封)相提并论,被人们广为传诵。

有了名气,不一定就都能有机会成为万众瞩目的都城。

那么,被三位诗人如此赞美的杭州是如何成为都城的呢?

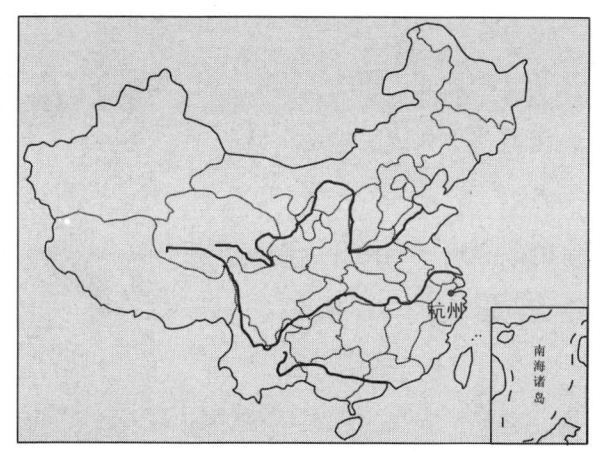

杭州区位示意图

从我国的行政区划图上看,杭州位于我国的东南部,钱塘江

的下游，其优势是位于大运河的起点，水上交通便利，但陆路交通不发达。尤其突出的弱点是，杭州位置过于偏南，不利于对北方广大地区的统治。所以，从地理位置方面考虑，杭州并不具备建都的明显优势。

杭州之所以成为都城，具有很大的偶然性。

公元1127年三月，金兵攻克北宋都城开封，北宋最后两位皇帝宋徽宗和宋钦宗父子被俘，北宋灭亡。这就是著名的"靖康之难"。不过，不幸中的万幸是：宋徽宗的第九个儿子、宋钦宗的弟弟康王赵构领兵在外，没有在开封城内，所以，避免了被俘的命运。国不可一日无君啊！这年五月，在一部分流亡大臣的拥戴下，康王赵构就在河南商丘（北宋的南京应天府）登基称帝，大宋王朝这口气才没有断！赵构建立的这个政权被称为南宋，赵构就是宋高宗。金人本以为俘虏了徽、钦二帝大宋就彻底完蛋了，没想到宋高宗又另立朝廷续上了大宋香火。于是，就继续派兵南下，试图把南宋政权消灭在萌芽状态。

宋高宗的领导班子刚刚建立起来，朝廷上下根本不可能组织有效的抵抗。所以，面对强大的金兵，只有一条路：逃亡！

逃到哪儿去呢？宋高宗和大臣们最初的想法是逃到南京，因为南京曾经做过六朝都城，有长江天险。如果能在南京站稳脚跟，就可以积蓄力量，伺机北伐。但局

宋高宗赵构

（1127～1162年在位）

势的发展却完全打乱了高宗君臣的意图，使逃往南京的计划落空。

这年十月，金朝的骑兵越过黄河，准备进攻商丘。消息传来，宋高宗马上率领文武大臣沿大运河匆匆南下。此后，在金兵一再追击下，高宗走了这样一条逃亡路线：先是逃到了扬州，还没有喘一口气，金兵尾随而至，不得已，又越过长江，逃到了镇江。不久，金兵又渡过长江，高宗君臣只得沿大运河逃到了杭州。之后，到越州（今浙江绍兴），然后是明州（今浙江宁波）。最后，在定海（今浙江镇海）被金兵赶到了海上，宋高宗的南宋朝廷被装进了几只大船里。就这样金兵也不善罢甘休，下海乘船追了三、四百里。幸亏老天帮忙！金兵追击过程中遇到台风暴雨，这才停止了追击，引兵北还，撤到了长江以北。高宗君臣得到金兵北返的消息后，才得以返回越州，升越州为绍兴府，作为临时都城。

但是，绍兴位置偏僻，漕运不便，物资供应匮乏。于是，仅仅在绍兴呆了一年多，高宗便移跸临安府杭州，并在那里建造宫殿，做建都准备。1138年，正式宣布临安为"行在所"，杭州正式成为南宋都城。

这就是说，从1127年到1138年这11年的时间里，南宋朝廷一直是飘忽不定的：曾建都商丘、绍兴，并试图建都南京，最终定都在杭州。很明显，定都杭州并非南宋朝廷最初的意图。所以说，杭州成为南宋的都城具有很大的偶然性。

不过，这并不意味着杭州成为都城纯粹是天上掉馅饼的事！世界上从来没有无源之水、无本之木！我认为，南宋建都杭州起码有三点必然的因素：

一、相对安全。宋高宗曾说:

> 朕以为,金人所恃者骑众耳。浙西水乡,骑虽众不能骋也。
>
> ——《建炎以来系年要录》卷二十七

宋高宗认为,金兵所凭借的是强大的骑兵。浙江处于战争的大后方,特别是浙江西部是水乡泽国,不利于金人骑兵的作战。所以,相对于商丘、南京而言,杭州还是比较安全的。

二、比较富裕。五代十国时期,吴越建都杭州,吴越王钱镠励精图治。传说他曾经把自己的枕头做成圆木枕,只要一翻身,枕头就会滚动,他就会惊醒。他把这种枕头命名为"警枕",一方面警示自己吴越是一个偏僻弱小的诸侯国,要小心处理与周边国家的关系,时刻提防身边的危险。同时,另一方面,也借以警示自己勤于国事,发展生产,壮大自己的国力。

吴越王钱镠
(907~932 年在位)

所以,在钱镠的治理下:

> 钱塘富庶,由是盛于东南。
>
> ——《十国春秋·吴越》

钱塘就是杭州,杭州当时已经成为东南地区最为富庶的城市了。吴越国从 907 年建都杭州,至 978 年投降北宋,以杭州为都城 71 年。由于远离战争,经济和社会持续发展,为后来的南宋定都杭州打下了良好的基础。

三、交通便利。杭州是隋唐宋大运河南方的起点,水上交通十分便利,利于粮食和物资的运输。同时,紧邻大海,具备海上交通优势,这一点是建都在内陆地区的城市所无法比拟的。

此外,杭州气候温暖湿润,又有美丽的西湖胜景。综合以上各方面因素,南宋建都杭州就顺理成章了!

二、诗画生活

在我国历史上，凡是建都在北方的西安、洛阳、开封等城市的朝代，帝王们都把都城的粮食和物资供应作为头等大事来加以考虑。隋唐建都长安时期，不少帝王都曾经在关中遇到水旱灾害长安粮食匮乏的时候，不得不带领文武大臣到洛阳去"就食"，也就是找粮食吃，被戏称为"逐粮天子"。但建都在杭州这样的"鱼米之乡"，就不会出现因为乏粮而让帝王们犯愁的事。相反，由于太富庶了，杭州在饮食、购物、旅游等物质和文化方面的消费都要比北方的都城阔绰得多、大方得多！

同时，由于和江南美丽的山水相融合，就使这种消费多了些"诗情画意"的色彩。"宋五嫂鱼羹"的一夜成名，以及杭州城"销金锅子"雅号的得来就是最好的例证。

南宋定都杭州以后,在外交上,与金朝讲和,基本保持了都城的安定。一百多年的时间里,金兵再没有打过长江去。在经济文化上,南京继承了北宋的传统,并在原来的基础上有了进一步的发展。大运河和海上丝绸之路畅通无阻,商品经济发展繁荣,城市市民生活丰富多彩,文化教育事业继续进步。

特别值得一提的是,因为有了西湖,杭州人的生活中充满了诗情画意。下面用两个例子来说明一下杭州人的"诗画生活":

一个例子是宋五嫂鱼羹。据周密的《武林旧事》记载,宋孝宗淳熙六年初春(1179年三月十五日),已经是太上皇的宋高宗在宋孝宗赵昚(慎)的陪同下游览西湖。

高宗和孝宗乘坐大龙舟,百官乘坐上百只画舫,岸上禁军护卫,鼓乐喧天,彩旗招展,场面十分壮观。杭州城的老百姓从没有见过这么大的阵势,所以,全城为之罢市,都站在湖岸观看。到了晌午,宋孝宗命御厨给高宗献上美食、点心。饭后,继续乘龙舟到断桥、珍珠园等地游览。为了表示仁德,高宗让孝宗买来鱼鳖在湖中放生。在这些卖鱼鳖的人中,有一个叫宋五嫂的,自称:

东京人氏,随驾到此。

——《武林旧事·乾淳奉亲》

宋五嫂说自己是东京开封人,随着高宗南迁的时候来到了杭州,在西湖边上开了个小店,以打鱼、卖鱼羹为生。高宗听到这个消息,马上命人把这位宋五嫂传唤到龙舟上。高宗品尝了宋五嫂制作的具有东京风味的鱼羹,不住口地称赞"味道鲜美、味道鲜美"!

同时，眼前这位白发苍苍的宋五嫂也勾起了宋高宗的思乡之情，使他感慨万千！于是，下令赐宋五嫂金钱十文、银钱一百文、绢十匹。这是相当丰厚的赏赐！而且，还嘱咐孝宗，以后要经常让宋五嫂送鱼羹到宫里给他喝。

宋高宗赞美宋五嫂鱼羹的消息很快传遍了杭州城，人们争相品尝，宋五嫂的生意越做越红火。不久，宋五嫂就在钱塘门外开设了一家饭店，专门经营鱼羹。当时，曾有人赋诗道：

一碗鱼羹值几何？旧京遗志动天颜。

时人倍价来争市，半买君恩半买鲜。

至今，杭州十大名菜中除了西湖醋鱼、东坡肉，排名第三的就是宋五嫂鱼羹。

宋五嫂鱼羹这个事件在杭州200多年的都城史上本来不是个大事，但它却很值得品味：

其一，说明杭州与开封密切关联。宋高宗南渡时，大批开封的文武大臣，还有大量像宋五嫂这样的普通百姓，跟随他迁居杭州，甚至出现了北方人口"数倍土著"（《建炎以来系年要录》卷一百七十三）的情况，来自北方的人口超过了杭州本地居民。发展到后来，杭州城的城市人口也达到了百万以上。随着北方人口大量的南迁，北方文化也被带到了南方，尤其是开封文化在很大程度上影响了杭州。比如，在饮食方面：

都城食店，多是旧京师人开张。

——《都城纪胜·食店》

都城杭州的食店，大多是北宋都城开封人开办的。开封人在杭州创办的饮食店主导了杭州的饮食业。至今，还可以在杭州的饮食、语言、风俗等方面发现开封文化的印记。

所以，在六大古都中，杭州与开封两个城市的关联性是最密切的，可以说是姊妹城市。

开封"清明上河园"　　　　杭州"宋城"

其二，说明杭州饮食文化丰富多彩。杭州是鱼米之乡，物产丰富，所以当地本来就有注重美食的传统。在高宗品尝宋五嫂鱼羹之后，他经常让宋五嫂送鱼羹到宫里来享用。这就相当于今天的叫"外卖"呀！其实，这种情况并非只是从宋五嫂鱼羹才开始有的。据《梦粱录》记载，杭州城有个风俗，凡是在大街上流动的卖饮食的人，都把车子装饰得非常漂亮，盘子、食盒、器皿收拾得干净整洁、熠熠发光。等到高宗定都杭州后，他养成了一个习惯：

常宣唤买市，所以不敢苟简，食味也不敢草率也。

——《梦粱录·民俗》

宋高宗经常在饮食市场上叫外卖，送到宫里。所以，无论流动饮食摊，还是固定饮食店铺都不敢图省事，选料、调味等也不敢潦草应付。商贩们知道，自己的产品能打入皇宫，不仅意味着会有可观的经济收入，而且也具有品牌效应。所以，在饮食、卫生、制作工艺等方面都下了很大工夫。久而久之，就使杭州在饮食产品和服务质量上不断提高，也使饮食文化更加丰富多彩。

说完了宋五嫂鱼羹，我们再说一个"销金锅子"的例子。《武林旧事》记载：

> 西湖天下景，朝昏晴雨，四序总宜。杭人亦无时而不游……日糜金钱，靡有纪极，故杭谚有"销金锅儿"之号。
>
> ——《武林旧事·西湖游幸》

说西湖乃天下美景，无论早晚、无论晴雨，四季都适合游览。杭州人上至帝王贵族、文人士子，下至普通市民，还有外来旅游者，也无时不游西湖。因此，在西湖每日消费的金钱就多得无法计算。所以，杭州西湖就得了一个"销金锅子"的名号。

杭州西湖

事实也的确如此,当时西湖中有大量私人游船,有的大船有二、三层楼高,可以乘坐数百人,装饰华丽,陈设典雅,美酒佳肴,歌儿舞女,笙歌慢慢,就如同今天的豪华游轮。数量更多的则是小的画舫,这些画舫也往往在客座上方搭有布篷,船身彩绘,配有饮食、点心,在水面行驶自如,西湖美景尽收眼底。西湖游人多,饮食、购物、娱乐等方面的消费支出自然也就多,"销金锅子"的名号就是这样得来的。

扬州瘦西湖

到了明清时期,"销金锅子"这个名号甚至影响了扬州。清乾隆时,杭州诗人汪沆(1704～1784年)到扬州旅游,当他来到扬州西湖的时候,发现这里的美景与杭州西湖非常相近。只不过与杭州西湖相比,扬州西湖规模小一些、形状狭长一些。于是诗兴勃发,欣然命笔:

垂杨不断接残芜,雁齿虹桥俨画图。

也是销金一锅子,故应唤作瘦西湖。

——清·汪沆《瘦西湖》

汪沆说这里景色优美，而且也是游人如织，日费千金，是一个销金锅子。所以，应该把这个湖叫做瘦西湖。在汪沆以前，扬州西湖还没有瘦西湖这个名称。但汪诗一出，"瘦西湖"之名就流传开来。西湖"销金锅子"的名声更大了！

到了今天，杭州西湖仍然是天下美景，还在2011年入选联合国教科文组织"世界遗产"名录。每到周末以及元旦、清明、五一、端午、中秋五个三天的小长假，特别是十一、春节两个"黄金周"时节，西湖游人如织，交通、饮食、购物、娱乐等旅游消费惊人，简直就是一个现代销金锅子。

现代西湖旅游拥挤的场面

当然，由于西湖游人太多，也在一定程度上影响到旅游的质量。游人不仅无法细致欣赏西湖美景，而且还影响到西湖的环境，甚至带来了安全隐患。所以，如何采取科学的旅游管理举措，让游客能像古人那样有机会真正细细品味西湖美景，将是杭州旅游管理部门面临的重要问题。

三、如诗传奇

中国四大民间传说中,与杭州结缘的就占了两个,那就是家喻户晓的《梁祝传说》和《白蛇传传说》。《梁祝传说》中的梁山伯与祝英台共同在杭州求学,《白蛇传传说》中白娘子与许仙就邂逅在西湖的断桥。然而,这两个关于爱情的传奇故事,结局并不圆满,只能用凄美来形容了。

那么,这背后的原因又是什么呢?

"宋五嫂鱼羹"和"销金锅子"的案例为我们呈现了杭州诗画一般的生活场景。这种诗画生活是高层次的消费生活。透过诗画生活我们就可以看出杭州城的物质基础是相当厚实的。《孟子》中曾经引用告子的一句话说：

食色，性也。

——《孟子》

对于所有人来说，两样东西是人最根本的需求，一样是饮食之欲，另一样是男女之情。在满足了基本的物质生活需求之后，杭州人就开始追求更高层次的爱情生活。因此，在杭州就演绎出了很多如诗般的爱情传奇，即"如诗传奇"。其中，知名度比较高的爱情传奇有两个：

一个是《梁祝传说》。它大意是说，浙江上虞有个聪明美丽的姑娘名叫祝英台，女扮男装，到杭州入私塾读书。恰巧，浙江会稽有一个纯朴善良的书生梁山伯也来到杭州，进了同一个私塾，拜同一个人为师。二人同窗三年，祝英台悄悄地爱上了梁山伯，但因为祝英台女扮男装，梁山伯并不知情。毕业以后，梁山伯知道了真相，向祝英台求亲。可祝英台的父母嫌贫爱富，把祝英台许配给了富家子弟马俊（马文才）。梁山伯得到消息，悲愤过度，不幸身亡。祝英台出嫁那天，花轿经过梁山伯的坟墓时，她前去拜祭，坟墓突然裂开，祝英台跳了进去，坟墓合拢，祝英台殉情而死。

另一个是《白蛇传传说》。这个故事发生在南宋的都城杭州。大意是说，一个修炼上千年的蛇精名叫白素贞，为了报答书生许仙前世的救命之恩，化为人形，设下巧局，在西湖的断桥和许仙相会。许仙对白素贞一见钟情，两人结为夫妻。后来，金山寺的法海和尚多管闲事，拆散了白素贞与许仙，并把白素贞压在了雷峰塔下。

白蛇传传奇

雷峰塔

这两个传奇故事源远流长，可以说家喻户晓！2006年，这两个传奇（或叫传说）还被文化部列入"第一批国家级非物质文化遗产"名录。仔细推敲，这两大爱情传奇故事有三个特点：

第一，故事都发生在西湖。爱情故事为什么钟情于西湖呢？很简单，西湖景色太美了，是谈情说爱的好地方，陶醉在美景中的青年男女很容易坠入爱河。

第二，美女们都集中在杭州。江南自古佳丽地，杭州也是出美女的地方。除了本地美女，外来美女也愿意来到杭州：祝英台老家是浙江上虞的，而白素贞则是来自峨眉山的妖仙美女，不同于世间凡人。为什么美女都集中在杭州？这也很简单，杭州经济富裕、文化发达、景色优美，是人间天堂！成功人士、青年才俊都集中在这里。于是，美女们也都被吸引到这里，好寻找她们的美满姻缘。

第三，这两个传说都带有悲剧色彩。《梁祝传说》是一个彻头彻尾的悲剧，梁祝二人不能在人间成就姻缘，只能在死后化作蝴蝶相守在一起。白素贞追求爱情费尽了周折，到最后还是被镇压在雷峰塔下，至今雷峰塔还屹立在西湖岸边。

所以，大家就会发现：在杭州上演的这两部爱情传奇故事总有些凄婉、哀愁的色彩，总不那么美满！那么，为什么祝英台、白素贞的爱情不能有一个圆满的结局呢？这还得从源头上找根据。

首先，杭州作为南宋都城名不正。南宋和北宋都姓宋，是一个王朝。为了获得正统地位，获得民众支持，南宋始终以收复失地、还都开封为号召。所以，南宋130多年时间里，杭州只能叫"行在所"或"临安"，就是不敢光明正大地叫京师、京城！这在六大古都中是独一无二的，所以说"名不正"。

其次，南宋文人士大夫气不顺。文人是社会的良心，特别是在国破山河碎的时候，最能表现出爱国情怀。而南宋统治者偏安东南一隅的做法让他们对统治者倍感失望，精神上始终有压抑感，气就不顺。林升在《题临安邸》中"暖风熏得游人醉，直把杭州作汴州"就有暗讽南宋君王不思收复中原，醉生梦死，居危思安的意味。

爱国诗人陆游更是通过诗词把这种备受压抑的心情表现得淋漓尽致，他在晚年曾做过一首《示儿》诗：

死去元知万事空，但悲不见九州同。

王师北定中原日，家祭无忘告乃翁。

——南宋·陆游《示儿》

陆游是以临终遗嘱的形式告诫儿子：当王师光复中原的时候，你千万别忘了在祭祀的时候告诉我这个好消息。不能收复故土、光复中原成了诗人心中永远的痛。陆游的这首诗表达了南宋文人士大夫的悲苦心境，在杭州影响深远。

第三，是老百姓的心不安。与以上这两种不圆满相伴随的还有老百姓的流离失所、背井离乡。特别是从中原地区逃亡到南方的人们，他们失去了生养他们的土地，心中自然得不到安宁，生活上当然也就无法圆满。

南宋文学家、爱国诗人陆游
（1125～1210）

民间传说反映的往往是老百姓的诉求和愿望，然后经过文人之手加工而成。所以，《梁祝传说》和《白蛇传传说》等爱情传奇故事也就注定无法圆满。

四、英雄史诗

西湖的水是阴柔的，围绕着西湖的爱情传奇也是阴柔的。然而，被誉为"百经之首"的《易经》里讲"一阴一阳谓之道"，古都杭州也不会缺乏阳刚之气！南宋时期，壮怀激烈的岳飞、慷慨悲歌的文天祥就为杭州城注入了阳刚的血脉，他们的英雄气概和崇高品德一直被传颂至今。

西湖是阴柔的，女性是阴柔的，连爱情传奇也是阴柔的，太多的阴柔容易使杭州城市文化失去平衡。怎么办？这就需要有阳刚的因素加入进来，来调节杭州文化，使之归于平衡。

那么，杭州存在这种阳刚的文化因素吗？

答案是存在的，不仅存在，而且其阳刚的知名度丝毫不亚于阴柔的爱情传奇。这就是在杭州流传千古的两部"英雄史诗"：

第一部英雄史诗是歌颂岳飞的。我们大家都熟悉岳飞的《满江红》：

> 怒发冲冠，凭栏处、潇潇雨歇。抬望眼、仰天长啸，壮怀激烈。三十功名尘与土，八千里路云和月。莫等闲、白了少年头，空悲切。
>
> 靖康耻，犹未雪；臣子恨，何时灭？驾长车踏破、贺兰山缺。壮志饥餐胡虏肉，笑谈渴饮匈奴血。待从头、收拾旧山河，朝天阙。

——南宋·岳飞《满江红》

这首词神采飞扬、气吞山河、豪情万丈，抒发了作者的爱国情怀、报国之志，被后人广为传颂！岳飞是在什么背景下做的这首词呢？

岳飞是河南汤阴人，在青年时期，他的家乡就已经被金兵占领。所以，他20岁从军，开始了抗击金兵、保家卫国的斗争。

他足智多谋、身怀绝技，领导的"岳家军"纪律严明、作战勇敢，成为南宋抗金的主力部队。"岳家军"长期在黄淮地区与金兵作战，屡屡挫败骄横不可一世的金兵，使金兵发出了"撼山易，撼岳家军难"的慨叹。从此，"岳家军"的声威在中原和江南大地远扬开来。1140年，岳飞率领的岳家军先后取得堰城大捷、颖昌大捷，逼近朱仙镇，眼看就要收复北宋都城开封了！心情激动的岳飞就是在这种背景下创作了这首词。

岳飞
（1103～1142年）

然而，当岳家军在中原地区接连取得胜利的时候，宋高宗和身为宰相的秦桧却认为这正是和金人讲和的好时候。于是，就先后下了十二道金牌命令岳飞班师回朝。岳飞回到杭州，极力反对议和，与高宗和秦桧在政治上就产生了严重分歧。1141年底，南宋与金签订"绍兴和约"，以向金人称臣、纳贡的屈辱条件，换来淮河以南的地盘苟且偷安。就在"绍兴和约"签订以后的1142年初，岳飞以"莫须有"的罪名被秦桧杀害于杭州风波亭，死时年仅39岁。

岳飞被害以后，绝望的情绪一下子笼罩在南宋人的心头！因为在岳飞身上寄托着南宋人太多的希望。这些希望起码有三重：

第一重，光复中原。有岳飞和"岳家军"在，南宋就有希望光复中原，收复失地。

第二重，中兴大宋。收复失地，重整山河，就有可能实现中兴大宋的梦想。

第三重，重拾信心。自古以来，中原王朝就被尊为正统王朝。同样地，中原文化也被尊为正统文化。然而，自宋朝建立，却屡遭外族凌辱。岳飞及其带领的"岳家军"却在与金人的作战中所向披靡，战无不胜，使人们重新燃起了复兴中原文化的希望。岳飞一死，则光复中原无望、中兴大宋无望、文化优越感顿失！所以，岳飞的死，使他承载的众多文化寄托化为泡影。长此以往，在杭州就形成了两种特殊的文化现象：

一种是岳飞的形象越来越高大。人们通过建祠堂、写戏曲、写小说等各种形式歌颂岳飞，使他成为民族英雄、阳刚男人，成为正义的化身和正能量的代表，他的故事也就成了一部不朽的"英雄史诗"。

另一种则是秦桧遗臭万年。对岳飞爱之深，则对杀害他的主谋秦桧就恨之切！这样，秦桧就臭名远扬了！秦桧的名臭到什么程度呢？

杭州岳王庙铁铸秦桧等五人跪像

有这样一个小故事。清乾隆年间，有一个学者叫秦大士（1715～1777），字涧泉，非常有才华，是乾隆十七年（1752年）的状元。他曾和朋友一块到杭州西湖的岳王庙游览，当来到岳飞墓前的时候，他的朋友指着跪在岳飞墓前铁铸的秦桧像，对秦大士半开玩笑地说："涧泉兄，尊祖这幅模样，你有什么感想啊？"

其实，秦大士并非秦桧的后代，跟秦桧没什么关系，只不过都姓秦罢了！秦大士不愧是状元，略一沉思，便挥笔写下了这样一幅楹联：

  人从宋后少名桧，我到坟前愧姓秦。

"桧"是柏树的一种，本来没有贬义。但自从秦桧开始，人名中有叫柏的、松的，甚至有叫槐的、柳的，就是没有叫"桧"的。所以，"人从宋后少名桧"。不仅如此，连跟秦桧一个姓都觉得丢脸。所以，秦大士才说"我到坟前愧姓秦"。

当然，不是说秦桧的后代就一定要受到谴责，秦姓就一定要为秦桧的过错买单。但是，这个楹联反映了中国人的是非观，更反衬出岳飞在中国人心目中的崇高地位。

杭州的另一部"英雄史诗"是歌颂文天祥的。大多数人熟悉文天祥是因为他曾经做过一首诗：

  辛苦遭逢起一经，干戈寥落四周星。
  山河破碎风飘絮，身世浮沉雨打萍。
  惶恐滩头说惶恐，零丁洋里叹零丁。
  人生自古谁无死，留取丹心照汗青！

       ——南宋·文天祥《过零丁洋》

其中，"人生自古谁无死，留取丹心照汗青"这两句诗是千古传颂的佳句。我相信，如果有正气歌排行榜，文天祥的这首诗应该排在第一位！那么，这首诗的创作背景又是如何呢？

文天祥是江西吉州吉水人。21岁中了状元，曾官至南宋的右丞相兼枢密使，都督诸路兵马。不过，他做官的时候，南宋已经到了穷途末路，元朝的蒙古大军已经打过了长江，攻破了都城杭州。

尽管如此，文天祥还坚持抗元，但终因寡不敌众在广东崖山（广东新会南的海上）被俘。1279年，他被押往元大都，即今北京。这首诗就是北上途中经过零丁洋（广东省珠江口外）时所作的，诗名叫《过零丁洋》。

元世祖也是一个雄才大略的君主，他也非常惜才、爱才。对文天祥的大名和才气元世祖也是早有耳闻，所以，当文天祥被押解到大都后，元世祖曾试图说服文天祥投降，为元朝廷服务，但遭到了文天祥的严词拒绝，元世祖只好把文天祥拘押到狱中。在被拘押期间，文天祥又写下了抒发自己坚贞不屈、决不投降的《正气歌》一诗，进一步为"正气"二字作了最好的阐释。最后，到了1283年，文天祥在狱中被关了四年之后，元世祖感到说服无望，才不得不下令杀掉文天祥。

和岳飞不同，文天祥是一个文人，但在文天祥身上同样表现出了一个铁骨铮铮的男子汉气概，也是名垂千古的民族英雄！

不过，正如大家所知道的，岳飞和文天祥的英雄传奇并没有改变南宋灭亡的命运。就在文天祥被俘的那一年，即1279年，南宋左丞相陆秀夫背着年仅7岁的小皇帝赵昺投海而死，南宋灭亡。

结　语

907年钱镠建立吴越国，以杭州为都城71年。1138年，南宋高宗赵构正式定都杭州，称临安，建都139年。前后总计建都时间210年。所以，杭州是六大古都中建都时间最短的古都。

由于吴越毕竟只是一个地方割据政权，所以在杭州留下来的历史印迹没有南宋深。其实，在宋代，并没有什么北宋和南宋的说法，这只不过是今人出于研究的方便而把宋代分为了北、南两宋。从两宋的政治、经济、军事和文化策略上来讲，南宋和北宋是一脉相承的。对北宋的优良文化传统南宋都作了继承和发扬，比如，重文抑武，防止武将专权和夺权；重视文人，与士大夫共治天下；活跃城市商品经济，保持了都城杭州城市生活的丰富多彩等。

但同时，北宋的一些积弊也继续在南宋显露无余，特别突出的就是在军事上继续采取守势，每年供奉给金朝大量金银财物，试图"以金钱换和平"，一味妥协退让、苟且偷安于江南一隅。这是导致抗金英雄岳飞屈死杭州风波亭的内在原因。虽然表面看来，直接执行岳飞死刑的是宰相秦桧，但其实，没有身为皇帝的宋高宗的默许，秦桧是不敢如此胆大妄为的。关于这一点，越是到后来，明眼人看得越是清楚。明代文人、画家文徵明曾有一首词，专门对岳飞之死的幕后黑手到底是秦桧还是高宗做了鞭辟入里的评价：

岂不念，中原蹙？

岂不惜，徽、钦辱？

但徽、钦既返，此身何属？

千古休夸南渡错，当时自怕中原复。

笑区区一桧亦何能，逢其欲！

——明·文徵明《满江红·题宋思陵与岳武穆手敕墨本》

文徵明明确指出，高宗不是不念及中原失地，也不会不顾惜他的亲生父亲宋徽宗和同胞哥哥宋钦宗在北方所受到的屈辱。但是，有一个最大的问题是：一旦真的打败了金兵，收复了失地，迎回了徽、钦二帝，那宋高宗怎么办？他的皇位还能保全吗？所以，文徵明认为，千万不要说高宗仓皇南渡有什么错，这是他自己希望的！他心里害怕收复中原，害怕徽、钦二帝真的有一天返回朝廷。所以，区区一个秦桧没有那么大的胆量，敢把全民都拥戴的国家干将、南宋长城岳飞以"莫须有"的罪名残酷地杀害。他之所以敢冒天下之大不韪，是因为有一个强大的幕后推手为他撑腰啊！这不能不说是一针见血的诛心之论！

其实，高宗心里也十分明白，他对历史的欠债太多，比如：

第一，不思收复中原，直捣黄龙，欠他父、兄的债。

第二，直接默许秦桧害死英雄岳飞，欠天下英雄的债。

第三，一味贪图安逸，把杭州作为汴州，居危图安，欠沦陷区人民的债。

但平心而论，说宋高宗一无是处也不符合历史的辩证法。我觉得，今天来评价高宗及其后代子孙所维持的南宋政权，起码有两点值得肯定：

第一，为杭州带来了一个多世纪的和平与安定。南宋与金的关系也好，与后来的元的关系也好，在今天看来，都是属于人民内部矛盾。在南宋绝大多数军民看来妥协退让是屈辱的，但在客观上却尽最大可能地避免了战争。这样做的结果，带给杭州以及广大南方地区的是长达一个多世纪的持久和平和安定。杭州在明清时期，乃至现代，之所以在经济、文化、教育等各个方面都能够与南京，以及后来的上海并驾齐驱，与南宋奠定的坚实经济、文化基础是分不开的。

第二，为杭州注入了独特的城市个性。和其他五大古都不同，杭州有美丽的西子湖，并以"人间天堂"的美誉著称于世。在这个城市，除了《梁祝传说》《白蛇传传说》等缠绵的爱情故事，还给人一种宜居、宜游的生活型城市的印象。如果说这就是杭州的城市特点，那么，这个特点在建都杭州的两个帝王身上可以再找到些根据、加重些砝码。这些根据是什么呢？

在我国古代几十个王朝、数百个帝王里边，只有五位帝王活到了80岁以上，他们分别是南朝梁武帝萧衍（464～549年，86岁）、武周女皇武则天（624～705年，82岁）、吴越王钱镠（852～932年，81岁）、宋高宗赵构（1107～1187年，81岁），以及清高宗弘历（1711～1799年，89岁）。其中吴越王钱镠和宋高宗赵构两位都建都在杭州。人的长寿是有多方面原因的，比如：良好的遗传基因、合理的饮食、适当的锻炼、良好的环境以及积极的心态等。我们从古籍中，无从详细地得知吴越王钱镠和宋高宗赵构他们所有的生活信息。仅仅从吴越王钱镠的"警枕"和宋高宗赵构默许秦桧害死岳飞而言，他们的心里紧张、焦躁，上火的时候恐怕为时不少！所以，在促成他们长寿的诸因素中，杭州丰饶的物产、有益于健康的饮食，美丽的山水环境、良好的空气质量，以及丰富的娱乐文化生活所带来的身心愉悦等，无疑是两位帝王长寿不可或缺的重要因素。所以，杭州生态、宜居和乐活的城市特点是由来已久的。

但是，一味地妥协退让是换不来永久和平的。躲过了金人铁骑的践踏，躲不过元朝骑兵的涤荡。所以，一个军事上软弱的政权，一个没有强大国防的政权注定是要以悲剧收场的。所以，南宋还是被灭在了元朝的手里。

南宋灭亡后，杭州从此也就失去了都城地位，我国的都城不得不从风景如画的西湖再次北上。

请关注下一章："风"之南京。

附：历代建都杭州一览表

政权名称	起止时间（年）	都城类型	文化遗存和景观
吴越	908~978	割据分裂时期都城	1. 世界文化景观遗产，5A 景区：西湖风景区 2. 世界遗产：京杭大运河杭州段 3. 5A 景区：西溪国家湿地公园、灵隐禅寺 4. 4A 景区：宋城景区、雷峰塔
南宋	1138~1276	统一王朝都城	
合计	210		

第五章

"风"之南京

本章序

南京,"六朝金粉地,金陵帝王州"。一座具有2400多年历史的古城,公元前472年,越王勾践在雨花台下筑城,史称"越城",这是南京正式建有城池的开始。公元229年四月,东吴孙权在武昌称帝;同年九月,在朝野"宁饮建业水,不食武昌鱼;宁还建业死,不止武昌居"的呼声中,迁都建业,开创了南京建都的历史。之后,东晋,南北朝时期的宋、齐、梁、陈先后在此定都,史称"六朝古都"。据统计,历史上,总共有十个之多的政权在南京定都,所以,南京有"十朝都会"之称。

南京,一个虎踞龙盘的风水宝地、一座夫子庙与秦淮河相映生辉的风雅城市、一个记录王朝兴废的沧桑之城。

那么,为什么那么多的朝代都钟情于在南京建都?历经沧桑的南京究竟给后世留下了怎样独特的文化气质呢?

本章将从"风水宝地"、"北风南韵"、"风流儒雅"和"风雨沧桑"四个视角为您解读"风"之南京!

在六大古都中，南京有一个突出的特点：就是曾用名特别多！比如，金陵、秣陵、建邺、建康、应天、石头城等等，总计有十多个。南京地名被频繁更易，我想有两个方面的原因：一方面是因为帝王的好恶。历史上曾经有十个王朝在此建都，一朝天子一朝名！政权变了，地名也跟着变。另一方面说明南京有魅力。在不同人的眼里，就有一个不同的南京，它给人的印象就像一首歌所唱的"像雾像雨又像风"，变幻莫测、飘忽不定，五光十色，招人喜爱。所以，我想，用"风"这个字来概括南京应该是比较合适的。下面，就从"风水宝地"、"北风南韵"、"风流儒雅"和"风雨沧桑"四个方面来分别予以介绍。

一、风水宝地

纵观中国5000年文明史，西安是前半段的中心，唐朝以后，西安就衰落了，再也没有崛起过。而北京是在元朝开始，也就是最近800年才成为中国的中心，在此之前，北京也是默默无闻。而南京是我国建都时间跨度最长的古都，从公元229年东吴孙权在南京建都开始，到近代中华民国建都南京，绵延1700余年。

那么，到底是什么因素吸引了如此多的朝代、帝王钟情于南京这块"风水宝地"，而把都城放在了这里呢？

六大古都中,每个城市都有建都的明显优势,南京凭的是什么?风水好!它是一块天然的"风水宝地"。

古代很流行风水学,在城市选址、房屋选址等方面都讲风水。封建帝王们在选择都城时也讲风水,这样做有两个目的:

一个目的是选择在风水好的地方建都希望江山社稷长治久安。

另一个目的则是利用风水学说,为自己定都营造有利的社会舆论。

什么是最好的风水宝地呢?按照传统风水观念,就是负阴抱阳。比如,上是阳,下是阴;高处是阳,低处是阴。或者通俗一点说,就是背山面水!南京位于长江下游的东南岸,东、南、北三面高山拱卫,西面是长江,背山面水,很符合传统风水学的要求。所以,就被认为是一个理想的风水宝地。有两条史料可以作为南京风水好的佐证:

一条是"金陵王气"的说法。宋代编著的《景定建康志》记载:

金陵何为而名也?考之史前,楚威王时,以其地有王气,埋金以镇之,故曰金陵。

——《景定建康志》卷五

金陵这个名称是因何而来的?据考证,战国时期,楚威王消灭越国,占领了南京这块地盘。他手下的大臣们向他报告说,南京这个地方有王气,不能让这里的王气压过楚国的都城郢呀!于是,楚威王就下令在南京的山岗上埋下金石来镇压这里的王气。所以,这个地方就叫金陵了。这是南京之所以称为金陵的一种说法。从这个记载中可以推断,在2000多年以前的战国时期,金陵有王气的说法就已经很普遍了。换句话说,在没有成为都城的时候,南京的山川形胜就已经为其他帝王羡慕、嫉妒、恨了!

另一条是"龙蟠虎踞"的得名。赤壁大战前夕,三国时期著名谋略家诸葛亮乘船沿江而下,到江南和孙权一起商讨破曹大计。当他经过南京的时候,曾登上清凉山,遥望南京形势,由衷地发出了这样的赞叹:

钟山龙盘,石头虎踞,此帝王之宅。

——《太平御览》引《吴录》

说钟山如苍龙蜿蜒蟠伏于城东南;石头山似猛虎雄踞在大江之滨,真是天生的帝王择都之地呀!

不过,也有学者认为,诸葛亮没有到过南京,倒是刘备曾经因为入赘东吴,和孙权的妹妹孙尚香结亲的时候到了南京。所以,以上这段话应该是刘备说的。但不管这句话出自诸葛亮还是刘备,一个不争的事实是:自从这句话一说出来后,"龙盘(蟠)虎踞"就成了形容地势雄伟险要的代名词。而且,只要一提到这四个字,

三国时期政治家、军事家诸葛亮(181~234)

人们就会自然而然地与南京联系起来。果然,赤壁大战后,孙刘联军打败了曹操,三国鼎立局面形成。229年,孙权建立吴国,定都建业。这样,南京正式成为都城,"王气"转变成了王都。

不过，大家知道，风水、王气都是一种神秘玄虚的说法，目的无非是强调建都南京是天命所归，非人力所为。然而，建都问题毕竟是关系到国家安危的大事，是不能跟着感觉走的。所以，实际上，南京之所以成为都城，仅靠神秘王气和龙蟠虎踞的好风水是不够的。

那么，南京要成为真正的都城，还需要依靠什么呢？

就是牢不可破的长江天堑！

南宋史学家郑樵曾说：

> 建邦设都，皆凭险阻。山川者，天之险阻也。城池者，人之险阻也。……故中原依大河以为固，吴越依大江以为固。中原无事则居河南，中原多事则居江之南。
>
> ——《通志·都邑一》

建立国家设置都城，都要凭借险阻。高山和大河就是天然的险阻；而城池是人为的险阻。所以，建都在中原的王朝依靠黄河作为险阻，建都南方的吴、越就以长江作为险阻。当中原地区没有战事、比较安全的时候，都城就放在河南地区；而当中原地区战乱一起、处于多事之秋的时候，帝王就会选择把都城放在江南。

我们以赤壁大战为例来说明一下郑樵的观点。东汉末年（207年），曹操率领三十万大军（号称八十万），准备彻底消灭刘备和孙权。孙权和刘备联手才组织了三万多军队（号称十万），在赤壁对曹军进行了顽强抵抗。结果，赤壁大战中，曹军被孙权和刘备的联军打得大败而归。《三国演义》里把主要功劳记在诸葛亮"借东风"和周瑜"火烧战船"上面。其实，孙刘联军取胜的真正原因在于：

第一，在古代，造船技术水平有限，数十万大军跨越长江天堑非常困难。曹军为了防止战船颠簸，甚至想出了用巨型锁链把船只连起来的办法，这也不能顺利解决数十万人渡过长江的大问题。

第二，曹操率领的北方军队不习水战。在北方平原地区作战，曹操有强大的骑兵，在作战中无往而不胜，而面对长江天堑，在水面上作战，曹军骑兵部队的长处则无法发挥。所以，真正打败曹操的是长江天堑！

赤壁大战后过了17年（224年），曹操的儿子，魏文帝曹丕又率领数十万大军南下，准备二次伐吴，为父亲报赤壁之仇。然而，当他面对波涛汹涌的长江时，不由得发出了这样的感叹：

嗟乎！固天所以隔南北也！

——《三国志·吴书》引《吴录》

这是上天要把南北隔开的呀！然后，只能无奈地打消了渡江伐吴的念头。后来，魏晋南北朝、五代十国时期南北方的割据政权基本都是以长江作为分界划江而治的。

所以，南京之所以成为古代都城，凭借的不仅是风水好、王气盛，主要依靠的则是难以逾越的长江天堑。

三国时的孙权定都建业后，东晋，南北朝时期的宋、齐、梁、陈先后在此定都，史称"六朝都会"。到后来，南唐、明朝初期、太平天国以及孙中山和蒋介石建立的中华民国也相继定都南京。所以，总计有十个朝代在南京建都，南京就有了"十朝古都"之说，十个朝代总共在南京建都时间有450年之久。

二、北风南韵

一千多年以前的唐朝,诗人刘禹锡来到南京乌衣巷拜谒参观,写下了著名的《乌衣巷》诗:

朱雀桥边野草花,乌衣巷口夕阳斜。
旧时王谢堂前燕,飞入寻常百姓家。

一条小小的乌衣巷究竟凭什么闻名于后世?诗人刘禹锡的"旧时王谢堂前燕,飞入寻常百姓家"究竟感慨的是怎样的家族传奇?

在乌衣巷深深的巷子里,在刘禹锡的感慨中,我们又能品味到南京这座城市怎样别具一格的文化特点呢?

在作为都城的 450 年间，南京形成了别具一格的文化特点，这个特点就是"北风南韵"。"北风南韵"意味着什么呢？在北方人看来，南京属于南方城市，具有南方文化特征；但在南方人看来，南京又属于北方城市，具有北方文化特点。所以，南京不像上海，是纯粹的南方城市；也不像江苏徐州，是纯粹的北方城市。而是不南不北，又亦南亦北。直到今天，南京的语言、饮食、文化风俗中仍然保留有浓烈的北风和南韵。这种文化特点的形成过程在南京一条充满文化气息的小巷——乌衣巷里就可以找到明显的印迹。

南京乌衣巷

乌衣巷位于今天南京市的东南，因为东吴曾在这个地方设置乌衣营，士兵们都穿黑色军服而得名。乌衣巷原本是一个默默无闻的小巷，因为东晋时期来自北方的两个世家大族入住在这里而名气大噪！

哪两个大家族呢？唐朝诗人刘禹锡曾经有一首诗写道：

朱雀桥边野草花，乌衣巷口夕阳斜。

旧时王谢堂前燕，飞入寻常百姓家。

——唐·刘禹锡《乌衣巷》

这首诗的名字就叫《乌衣巷》。刘禹锡在诗里点明曾经居住在乌衣巷里的两个大家族：一个是王家，一个是谢家。到了诗人刘禹锡来南京旅游的时候，虽然王、谢家族已经衰落，乌衣巷也变成了普通民居，"王、谢堂前的燕子飞入了寻常百姓家里"，但是，在唐代以前，王家和谢家却拥有过长达近三百年的辉煌家族史。

卧冰求鲤

王氏家族祖籍山东琅琊，即今山东临沂，所以，又被称为琅琊王氏。琅琊王氏家族第一个走上政治舞台的是王祥。很多人不一定熟悉王祥，但大多数人都知道"二十四孝"的故事。二十四孝之一的"卧冰求鲤"说的就是王祥。王祥的亲生母亲很早就去世了，王祥就跟着他的后母朱氏一块儿生活。他的后母朱氏很刻薄、心胸很狭隘。有一年冬天，天寒地冻，朱氏却要吃鲜鱼，让王祥给他想办法去弄来。王祥就来到了河边，脱下棉衣，卧在冰上，准备用自己的体温融化冰层。忽然，冰层裂开，跳出来两条活蹦乱跳的鲜鱼。于是，王祥就把鱼拿回来，满足了朱氏的愿望。

传说自然有虚构的成分，但王祥孝顺后母是确有其事的。

"百善孝为先"呐！王祥因为"卧冰求鲤"成为古代奉孝的楷模，同时也为他赢得了好名声。在曹魏末年，王祥开始步入仕途，并成为西晋司马氏政权的开国功臣，位至太尉，晋爵为公，从此开创了王氏家族的政治基业。

在南京建都的东晋王朝也是王氏子孙一手策划的结果。这又是怎么回事呢？

策划东晋政权的叫王导（276～339年），他是王祥的从孙（王祥弟弟王览的孙子）。西晋末年，北方战乱，大量世家大族南迁，王导带着琅琊王氏加入了南迁大军。他当时的身份是安东将军司马睿的行军司马，镇守在南京。所以，琅琊王氏家族都在南京落脚。初到南方，司马睿和王导的日子并不好过。日子不好过的原因不在于他们不适应当地的气候、饮食和风俗，这些都是容易克服的小问题！主要原因在于他们遇到了大麻烦。史书记载：

吴人不附，居月余，士庶莫有至者。

——《晋书·王导传》

吴人（就是南京当地人）不归附。结果，司马睿和王导来到南京一个多月，当地世家大族和平民没有一个主动登门拜见，备受冷落！其中缘由当然是明摆着的：南方世家大族认为，司马睿和王导来到南京，必然削弱他们在南京的势力范围，抢夺他们的既得利益。所以不愿意买他们的账。王导首先看出了问题所在，于是就策划了一个政治公关活动。

在三月三日上巳节这一天，春光明媚，南京人有出城踏青郊游的习惯。王导就利用这个机会，精心策划了一番。他请司马睿乘坐"肩舆"，就是古代使用的一种敞篷小轿，随着踏青郊游的人流一同出了城。王导、王敦兄弟等南渡名流，骑着高头大马，簇拥着跟随在司马睿轿子的后面，一个个气质非凡、风度翩翩。当地的父母官出来郊游，阵势又如此排场，一下子吸引了踏青郊游的人群的目光，一时间观者如堵。当地豪族顾氏、纪氏、朱氏、张氏等也夹在人流中观看。当他们看到南渡名士气宇轩昂，对司马睿又如此恭敬拥戴，马上就改变了看法，主动上前跟司马睿、王导他们打招呼。

王导看到政治公关有了初步效果，马上又给司马睿出了两个主意：一、主动接近南方世族，让他们入仕为官。二、与南方世族联姻，通过婚姻关系来加强与南方世族的联系。这两招果然收到了奇效。

由是吴会风靡，百姓归心焉。

——《晋书·王导传》

世家大族归附了，老百姓也归心了，司马睿和王导南渡人士便在南京扎下了根。后来，五胡乱华，洛阳失陷，西晋灭亡，南京就成为复兴晋朝的希望所在。317年，在王导的积极拥戴下，司马睿在南京称帝（晋元帝），建立东晋。因为拥立有功，王导被任命为宰相，赐第乌衣巷。从此以后，乌衣巷就迎来了第一个北方大族的入住，步入繁华期。

谢氏家族祖籍陈郡，今河南太康，被称为陈郡谢氏。陈郡谢氏之所以能和琅琊王氏并称为一流世家大族是因为他们这个家族出了一个谢安（320～385）。

谢安是东晋孝武帝时期（王导去世20年后）的宰相，他的主要功劳是亲自指挥了东晋与北朝前秦之间的淝水之战。事情是这样的：

东晋孝武帝太元八年（383年），北方前秦苻坚率领八十多万大军，南下伐晋，东晋朝野惶恐不安。当时身为宰相的谢安当然是压力山大了！但是，他顶住压力，一方面谋划对策，调集军队，派遣其弟谢石和侄子谢玄率领八万多军队迎敌；另一方面，为了稳定军心、民心，自己在南京城则表现得镇定自若。眼看前秦的军队到了淝水（今安徽合肥西北），逼近南京了！朝中有一个叫张玄的大臣就去拜访谢安，想摸摸底细。谢安不仅不谈前线战况，反而邀请张玄和他一同出城，到了郊外的一座别墅里，和张玄下起了棋，并以两家的别墅为输赢的赌注。本来呀，张玄的棋艺之高是出了名的，平时谢安经常是其手下败将。但大敌当前，南京危在旦夕，张玄哪有心思下棋啊！所以，连下连输，把自己的别墅也输给了谢安。这就是流传在南京的谢安和张玄"弈棋赌墅"故事。以后连续几天里，谢安又继续邀请张玄和其他朋友，在郊外别墅对弈。一天，战报从前线传了回来，谢安看了一眼战报后，便放到了一边，脸上毫无表情，继续对弈。朋友问，是什么消息？谢安轻描淡写地说："小儿辈遂已破贼"（孩子们已经打败了前秦军队了）！表现得异常淡定、从容。然而，等朋友走了，谢安回到内室的时候，戏剧性的一幕发生了：

过户限，心甚喜，不觉屐齿之折。

——《晋书·谢安传》

户限就是门槛。谢安过门槛的时候，再也抑制不住内心的兴奋，自己穿的木屐的屐齿折断了都没有发觉。

谢安依靠自己的智谋，打败了前秦，巩固了东晋政权。所以，谢家也被孝武帝赐第乌衣巷，享受了与王导家族一样的荣耀。

到了南朝的宋、齐、梁、陈时期，王谢两大家族在中央朝廷仍然保持着强大的势力。据统计，朝廷每十个五品以上的官员中，就有一个出自两大家族。王谢往往并称，成为华丽家族的代名词，人人仰慕，个个都想高攀。《南史》曾记载这样一个故事：

东晋政治家谢安
（320～385）

> （侯景）请娶于王、谢，帝曰："王、谢门高非偶，可于朱、张以下访之。"
>
> ——《南史·侯景传》

这个侯景也不是一般人物，他原本是北朝东魏的大将，后来投降了南朝的梁武帝。侯景久慕王、谢家族的声名，就向梁武帝提出和王、谢联姻。梁武帝却说：王、谢家族门第太高，不是你能高攀的。你可以在江南的朱氏、张氏以下寻访一下，看看有没有合适的吧！侯景碰了一鼻子灰。因为梁武帝拒绝了侯景的请婚，侯景不仅对梁武帝怀恨在心，而且对王、谢家族也心存忌恨。当他后来背叛梁武帝攻下南京的时候，就对梁朝宗室和王、谢家族大开杀戒，给王、谢家族造成了毁灭性的打击。

以上史例充分说明了一个事实,在东晋、南朝二、三百年的时间里,王、谢家族俨然成为古代南京第一华丽家族!当然,乌衣巷也就成为南京的高档住宅区,其车水马龙的繁华情景是可以想见的。

透过乌衣巷这个文化窗口,我们看到的是什么呢?

一方面,乌衣巷的建筑是南方特色的,高高的风火墙、错落有致的黛瓦、布满苔藓的巷道,到处都充满了南方的韵味。

但另一方面,曾经在这里长期生活的则是来自北方的世家大族王氏和谢氏。他们带来的是来自北方先进的文化、先进的思想和先进的教育理念。然后,在南京这个大舞台上,与南方文化进行碰撞、相互融合,促进了南京文化的全面发展与繁荣,奠定了南京作为南方地区文化中心的地位。于是,北人与南人共同哺育了南京的文化,使这座城市到处充满了"北风南韵"。

三、风流儒雅

一个城市如同一个人一样，有其外在的五官相貌与内在的文化气质。外貌主要来自于大自然的赐予，文化气质则多为后天的积累。在南京城文化气质积累的过程中，东晋书法家王羲之、南唐的大臣韩熙载和明朝开国功臣徐达这三个人物发挥了关键的作用。

那么，王羲之究竟凭借什么打动了未来的老丈人？《韩熙载夜宴图》是在什么背景下产生的？徐达如何凭借棋艺赢得一个莫愁湖？王羲之、韩熙载、徐达等众多风雅人物的佳话轶事又为南京城注入了怎样的文化气质呢？

"北风南韵"充分说明了南京文化是北方文化和南方文化融合的结果。那么，这种融合最终形成的南京城市个性又是什么呢？这就牵涉到了第三个与南京相关联的词汇"风流儒雅"！

风流这个词有很多词义，在古代主要是指有才气而又不拘礼法，随性而为；儒雅则是指处事合乎礼法，从容优雅。两个词汇合在一起，指人在处事上举重若轻、挥洒自如。从哪里可以体现南京城市"风流儒雅"的个性呢？我们看三个在南京流传很广的传奇故事。

首先我们说说"东床快婿"。这个故事说的是大书法家王羲之的事。在王导做宰相时候，另一个来自北方的世家大族郗鉴官居太尉，掌握着军权。郗鉴有一个非常出众的女儿叫郗睿，到了出嫁的年龄，想与王导结为亲家。王导子侄有好几个，不知道给郗鉴推荐哪一个好，就干脆让郗鉴自己挑选。于是，郗鉴就派自己的门生到乌衣巷王导家里去代他选婿。回来后，门生给郗鉴汇报说：

王氏诸少并佳，然闻信至，咸自矜持。惟一人在东床坦腹食，独若不闻。鉴曰："此正佳婿邪！"

——《晋书·王羲之传》

郗鉴的门生说，王导子侄都不错。不过，当他们得知我去选婿，都特意修饰打扮了一番，表现得很矜持。只有一个人坦腹（就是敞开怀，露出肚子）坐在东床上，旁若无人地吃东西。郗鉴听了门生汇报，就说，这个坦腹的人正是我要选的女婿呀！坦腹坐在东床的人就是王导的侄子王羲之。这就是"东床快婿"这个成语的来历。

为什么郗鉴偏偏喜欢坦腹东床的王羲之呢?两个原因:一、王氏家族是北方大族,有良好的家族教育传统,学问当然是没得说。二、在选婿这种重要场合都能够坦腹面对,说明了王羲之不拘小节,具有风流儒雅的气质,这种气质在魏晋南朝是备受朝野推崇的。因此,王羲之才被郗鉴看中。

东晋书法家王羲之

(303~361)

事实证明,郗鉴真没看错这个姑爷!

后来,王羲之不仅做了右军将军、会稽内史,还成了我国历史上的大书法家,并留下了书法名篇《兰亭集序》。

第二个故事是关于《韩熙载夜宴图》的。这是南唐画家顾闳中创作的一幅名画。关于这幅画的创作过程颇富有戏剧性!根据北宋徽宗年间编纂的《宣和画谱》记载,南唐后主李煜继位以后,政权面临一个重大危机。当时后周世宗柴荣正准备征伐南唐,闹得南唐都城南京风声鹤唳、草木皆兵,李煜也犯了多疑症:

后主嗣位,颇疑北人,多以死之。

——《韩熙载夜宴图·题跋·韩熙载小传》

朝廷中来自江北的人就受到后主李煜的猜忌,很多北方官员因此丢了性命。中书舍人韩熙载是三代老臣,很有才能,被南唐人称为"韩夫子"。但韩熙载也是江北人!他祖籍山东潍坊,是后唐时期的进士,因父亲被后唐明宗杀害,一气之下,渡江逃到了南唐。韩熙载的籍贯和经历让李煜很纠结。怀疑韩熙载有问题吧，但没有证据；对韩熙载置之不理吧，又不放心。于是，就想出了个办法。

当时，南唐朝臣中有一股风气，即喜欢办夜宴。韩熙载有钱有势，更喜欢操办夜宴，经常在晚上宴请文武大臣到自己的私宅饮酒作乐。有人反映，韩熙载是在以办宴会为平台，收买人心，结帮拉派，准备颠覆政权，甚至有人传出谣言说韩熙载是后周的内应。是真是假呢？李煜决定派人去看个究竟。于是：

乃命闳中夜至其第，窃窥之。目识心记，图绘以上之。故世有《韩熙载夜宴图》。

——《宣和画谱》卷七

就让宫廷画师顾闳中以参加夜宴的名义到韩熙载府上，暗自窥探虚实。而且靠目识心记，把夜宴场景记下来，回去后，凭记忆画出来，这就是名画《韩熙载夜宴图》的来历。在这里，顾闳中颇有点像《潜伏》里的余则成！古代没有照相机，皇帝又要看实景，也只有像顾闳中这样高超的画师才能复原夜宴的场景了。

《韩熙载夜宴图》局部

这幅画全面共分为五个部分：听琴、观舞、歇息、清吹和散宴，一派笙歌曼舞、纸醉金迷的生活场景。在画面中，韩熙载共出现五次，都表情忧郁伤感、心不在焉、若有所失，根本显示不出来有借夜宴笼络人心、拉帮结派的意图。看到这幅画的李煜也消除了对韩熙载的猜忌，仍然对他恩礼有加。

顾闳中的《韩熙载夜宴图》是一幅传世名画，价值连城，现藏在北京故宫博物院。相传民国时期，大画家张大千先生曾以五百两黄金购买此画。不过，我觉得此画的珍贵之处不仅在于艺术价值方面，更在于其背后的风雅气质。猜忌韩熙载本来是个严肃的政治问题，关系到国家的安危，而后主李煜竟然用艺术的方式通过一幅画来解决。所以，这幅画的背后不仅有一个风雅的帝王，更有一个风雅的政治家韩熙载和风雅高洁的画家顾闳中。如果他们中的任何一个人不具备风雅的文化气质，就不会有这幅画的诞生。

第三，我们说一个"弈棋赐湖"的故事。到过南京的朋友都知道，在风景如画的莫愁湖畔有一座胜棋楼，相传是当年明太祖朱元璋与大将徐达对弈的地方。传说是这样的，洪武年间（1368～1398年），明太祖朱元璋与开国功臣徐达经常在胜棋楼对弈（他们下的是围棋），尽管徐达棋艺高超，但每次都输。其中的奥妙明太祖是十分清楚的：徐达这是让皇帝高兴呀！有一天，两人又对弈，明太祖让徐达拿出真本事，不能故意谦让！两人从早上下到正午，杀得天昏地暗，偌大的棋盘摆满了棋子。后来，明太祖抓住漏洞，连吃了徐达两颗棋子，心里很得意！两颗棋子被吃后，徐达迟迟没有落下下一颗棋子，明太祖就在一旁催促。徐达就说，请皇上细看全局！明太祖仔细一看，发现徐达竟用自己的棋子摆出了"萬歲"二字，不禁暗暗佩服徐达的棋艺高超，明白了徐达的良苦用心。高兴之余，明太祖就将这座楼和莫愁湖都赏给了徐达，这座楼被后人命名为胜棋楼，莫愁湖也成了徐达的私人园林。这段传奇故事是根据清代马士图所编的《莫愁湖志》演绎出来的，在民间流传很广，为南京的百姓津津乐道。但仔细推敲起来，"弈棋赐湖"的传说却有两个明显漏洞：

第一，胜棋楼是明代万历年间才开始建造的。万历是明神宗（1573～1620年）的年号，而明神宗在位的时候已经是他的老祖宗明太祖去世200年以后了。所以，明太祖不可能在明初的时候与徐达在这里对弈，并把此楼赏赐给徐达。

第二，史书上没有明太祖把莫愁湖赐给徐达的记载。从理论上推敲，明太祖也不大可能把偌大的莫愁湖赐给徐达由他个人专用。

更准确的史实应该是，朱元璋曾经在莫愁湖畔的某座建筑内与徐达对弈，由于赏识徐达的棋艺和对徐达文治武功的肯定，把莫愁湖的部分区域赏赐给徐达，并允许他在湖畔搭建一些亭台楼阁，这已经给足了徐达面子，是很大的特权了！

莫愁湖　　　　　　　　　胜棋楼

大家会发现，无论是大书法家王羲之、政治家韩熙载，还是明初大将徐达在很多方面都惊人地相似：一方面，三个人性格相似。他们都沉着冷静、举重若轻、临危不惧，掌控大局的能力极强，充分展示了风流儒雅的风度，都有点三国周瑜"谈笑间，樯橹灰飞烟灭"的旷世风范。另一方面，三个人都以不同方式彪炳史册。王羲之是我国的书法大家，韩熙载则是通过《韩熙载夜宴图》展示了自己的传奇政治生涯，而徐达则东征西讨，为大明江山社稷立下了汗马功劳。所以，与其说南京人喜欢"东床快婿"、"《韩熙载夜宴图》"和"弈棋赐湖"的传奇故事，毋宁说南京人偏爱在这些传奇背后那些风流儒雅的往事以及其中展示的风流儒雅的文化气质。

文化是一脉相传的、连续的、割不断的。从王羲之、谢安，再到韩熙载、徐达，风流儒雅的文化气质逐渐影响着南京人的处事态度和行为方式，淡定从容、宠辱不惊的个性逐渐渗透到了南京人的骨子里。至今，在南京，"多大的事儿啊"、"烦不了"已经成了南京人的口头禅。

四、风雨沧桑

虽说大家都不否认"江南佳丽地,金陵帝王州"的说法,然而,奇怪的是,正如刘禹锡在《西塞山怀古》中"王濬楼船下益州,金陵王气黯然收"所描述的那样,金陵的王气似乎又总是不那么长久,在此建都的王朝大多短寿夭折,而南京城又屡经离乱和浩劫,从一个侧面展示了南京城无尽的"风雨沧桑"。

这又是怎么回事呢?

"风流总被雨打风吹去"!

南京特殊的政治、经济和文化地位,使它在历史上往往成为历朝历代争夺的焦点。争夺的结果则是给南京带来了无尽的"风雨沧桑"。我这里用三组数据背后的故事来说明这个问题。

第一组数据是"三位亡国之君"。第一位是东吴后主孙皓(264~280年在位)。孙皓是孙权的后代,但孙皓却完全没有孙权的雄才大略,他是一个荒淫奢侈的君主。所以,在他统治时期,东吴的江山社稷处于风雨飘摇之中。这时候,北方的晋朝已经统一了西蜀,刘备的儿子刘禅做了俘虏,孙皓就恐慌起来。为了防御西晋进攻,东吴后主孙皓就在南京以北的长江江面设立千寻铁锁、在江底树立铁茅,试图阻止晋军船队。但足智多谋的西晋大将王濬从四川沿江而下,指挥楼船进攻东吴,打破了铁锁和铁茅的封锁,吴主孙皓只好举旗投降。

后来,唐代诗人刘禹锡曾经在南京城漫游时写了一首诗说到了这个事:

> 王濬楼船下益州,金陵王气黯然收。
> 千寻铁索沉江底,一片降幡出石头。
> ——唐·刘禹锡《西塞山怀古》

这首诗很有名,还被选入了中学课本。特别是"金陵王气黯然收"、"一片降幡出石头"两句,总给人以南京王气消散、王朝命运短促的联想!所以,尽管长江被誉为天堑,但当统治者腐朽的时候,再坚固的防线也是不堪一击的!

第二位是南朝的陈后主(582~589年在位)。他是南朝的最后一个皇帝,叫陈叔宝。陈后主有两大爱好:一好酒,二好色。他宠爱贵妃张丽华,喜欢听其唱《玉树后庭花》。588年,隋文帝派遣五万大军,水陆并进,兵临南京城下,荒唐的陈后主却说:

> 王气在此,齐兵三度来,周人再度至,无不摧没。
> 今虏虽来,必应自败。
>
> ——《建康实录·后主长城公叔宝》

南朝陈后主陈叔宝
(582~589年在位)

说金陵有王气,北朝的齐三次派兵来、北周二次南下攻打南京,最后都失败了。现在隋兵前来,必然也是自找失败。然后,就接着听张丽华演唱《玉树后庭花》去了。但是,金陵王气没能成为陈后主的护法伞。589年,隋军攻破建康,陈后主和他的爱妃张丽华在胭脂井中被俘,南陈灭亡。后来,陈叔宝被押往长安,面见隋文帝的时候,还不顾廉耻地向隋文帝乞求给个一官半职,继续做个富家翁。隋文帝就说陈叔宝"全无心肝",根本没有一点亡国之痛。

唐代诗人杜牧曾经写过一首诗《泊秦淮》,这样说道:

> 烟笼寒水月笼沙,夜泊秦淮近酒家。
> 商女不知亡国恨,隔江犹唱后庭花。
>
> ——唐·杜牧《泊秦淮》

杜牧诗中提到的《后庭花》就是陈后主亡国前喜欢听唱的《玉树后庭花》。这就是说,陈亡之后,《玉树后庭花》就被人们当作亡国的靡靡之音来对待了！可见陈后主亡国的影响之大。

第三位是南唐后主李煜（961~975年在位）。南唐后主李煜有一点和陈后主不一样，他喜欢填词作诗，是一位出色的词人、文学家；也喜欢绘画，他用顾闳中所绘的《韩熙载夜宴图》来辨别韩熙载的忠奸就表明他是一位很有艺术修养的皇帝。但遗憾的是，他和孙皓、陈叔宝一样，都是蹩

南唐后主李煜

（961~975年在位）

脚的政治家，沉湎于酒色、诗词，导致朝政腐败、政治动荡。975年，北宋攻破南京，李煜做了俘虏，被押解到开封。在开封，宋太宗给了他一处小的宅院，身边还给他留了几个侍女，李煜还可以吟诗填词。他有一首流传很广的词《虞美人》就是在这里创作的。但恰恰是这首词，成了李煜的绝命词！史料记载：

> 其赋《虞美人》有云："问君能有几多愁，恰似一江春水向东流。"旧臣闻之，有泣下者。七夕，在赐第作乐。太宗闻之，怒。更得其词，故有赐牵机药之事。
>
> ——《历代词余·词话》引《乐府纪闻》

这段话意思是说，《虞美人》词中有两句很有名，"问君能有几多愁，恰似一江春水向东流。"有南唐的旧臣看到了这首词，感动得落了泪。宋太宗太平兴国三年（978年）七夕又逢他的生日（李煜出生在七月初七，即七夕），于是，他在寓所命妓作乐，演唱《虞美人》，声闻于外。宋太宗知道这个事情以后，就以为李

煜有复国之心，马上命秦王赵廷美赐给李煜牵机药，将其毒死。牵机药是一种很厉害的毒药，人喝下后，就开始抽搐，头脚相抵，最后在挣扎中死去，非常痛苦。因为《虞美人》，李煜丢了性命。

李煜的《虞美人》对后世的影响相当大！特别是"问君能有几多愁，恰似一江春水向东流"这句词，被后人评价为描写愁绪的千古绝唱！

三位亡国之君，都因为沉湎女色，国破家亡，留给后世很深刻的"短命王朝"的印象。清朝大诗人、大画家郑板桥曾经写过一首诗说到：

一国兴来一国亡，六朝兴废太匆忙。

南人爱说长江水，此水从来不得长。

——清·郑板桥《六朝》

在郑板桥看来，六朝兴废匆匆忙忙，甚至连长江水也受到了牵连，也被认为不长了。

说完了"三位亡国之君"，我们再来看第二组数据，即"八位风尘女子"。说南京不能不提秦淮河，而说到秦淮河，又不能不说"秦淮八艳"。很久以来，"秦淮八艳"被看做是一种妓女文化、风月文化的代名词，代表了低俗的秦淮文化。那么，我们到底应该如何看待它呢？

秦淮河是进入南京的一条人工运河，它位于南京城的南部，全长大约十里，所以，又称"十里秦淮"。通过秦淮河，南京可以与长江、与南京外部的世界相连接，所以，秦淮河自古就舳舻相接、来往船只不断，秦淮河两岸也成了富商大贾云集的寸土寸金之地。与繁荣的商业文化相伴随，在"十里秦淮"岸边，形成了另一种文化形态，即娼妓文化。最有名的就是明末清初南京秦淮河上的"秦淮八艳"。"秦淮八艳"到底是谁，至今还有争议，一般认为是李香君、柳如是、董小宛、马湘兰、顾媚、卞玉京、寇白门与陈圆圆。她们的故事和传说被编成了戏剧、小说，在民间流传很广。

秦淮八艳

秦淮八艳故事的核心是什么？我们说一个代表性人物李香君。

李香君是苏州人，父母早亡，后被秦淮名妓李贞丽收养，在秦淮河风月场中长大。李贞丽从小有侠气，好结交文人雅士，也使得李香君：

亦侠亦慧，……尤工琵琶。

——《板桥杂记》

李香君身材并不高，小巧玲珑，但肤色如玉，美艳动人；又兼有豪侠、聪慧气质，尤其善弹琵琶。所以，被人称为秦淮八艳之首,声名远扬,文人士子都以与李香君交往为荣。

明崇祯十二年(1639年),侯方域(字朝宗)从河南商丘老家来到南京,他风流倜傥、才华横溢,父亲为当朝户部尚书。史书记载:

尝游金陵,挈其橐数千金,寓居桃叶渡上,日夜招故人善酒者,挟妓弹琵琶纵饮。

——《侯方域集》

侯方域游金陵的时候,带了数千金家财,住在秦淮河边的桃叶渡边,日夜召集友人在秦淮河边带着妓女弹琵琶饮酒作乐。才子爱佳人呐!不久,侯方域就结识了李香君,两人情投意合,一见如故,并定下终身。就在这个时候,侯方域得罪了朝臣阮大铖,被逼离开了南京,回到了老家商丘。不久,清军入关,北京被占领,明朝就在南京成立了小朝廷,阮大铖做了南明小朝廷的尚书,更加炙手可热。不久,阮大铖逼迫李香君嫁给一个管漕运的大臣田仰为妾。李香君断然拒绝,并以头撞墙,血洒侯方域送给她的定情物桃花扇,阮大铖只好作罢。因为得罪了阮大铖,李香君无法在南京安身,就远走他乡,到苏州老家乡下隐居起来。再说侯方域,他回到老家商丘后,河南很快被清军占领,清廷也素知侯方域的大名,所以,多次派人说服侯方域入清为官。一开始,侯方域并没有答应,后来,考虑到腐败无能的南明王朝、特别是拆散他和李香君姻缘的阮大铖,就答应入清为官,成了清廷要员。一天,他随清军南下,打到了苏州地区,并设法找到了隐居乡下的李香君。但他万万没有想到,当他穿着一身清军服装、流着长长的辫子见到李香君的时候,却遭到了李香君的冷遇。李香君对侯方域叛明投清、失去民族气节无比失望,便趁侯方域不备,上吊身亡。李香君的死给侯方域带来了深深的刺痛,到了后来,侯方域有感于李香君的坚贞不屈,又重新走上了抗清复明的道路。

李香君不惧恶势力、勇于追求爱情,并富有民族志节的故事广为流传。清代戏剧家孔尚任根据她的故事编写了戏剧《桃花扇》,至今还影响很大。

其他七艳的人生经历也大体如此。所以,在我看来,"秦淮八艳"不同于一般的青楼妓女,在她们的传说和故事背后,有三个特点值得注意:

《桃花扇》剧照

第一,她们所处的时代很特殊。明末清初,明朝统治处于风雨飘摇之中,清朝作为一个外族将要入主中原,国家和个人的命运都面临抉择。

第二,她们的行为很特殊。八艳都才艺双全、富有志节。完全不同于一般靠出卖肉体生存的妓女,她们的一些行为甚至可以与史书上的烈女、贞女相媲美。

第三,她们影响了一批文人士大夫。八艳以自己的出众才艺与明末清初的清流人物交往密切,并影响到许多文人士大夫的政治立场和人生追求。与八艳交往的绝大多数文人士大夫都像侯方域一样选择了抗清复明的道路,展示了民族气节。所以,记载秦

淮八艳故事的清朝人余怀就曾说:

> 此即一代之兴衰、千秋之感慨系也。
>
> ……
>
> 岂徒狭邪之是述、艳冶之是传也哉！
>
> ——《＜板桥杂记＞序》

这是关系到一代兴衰、千秋感慨的记录，并非只是叙述狭邪、传播一些无聊的艳冶故事。

所以，秦淮八艳故事表现的是在国家和民族处于危难之际，一群弱女子的坚定志节、超凡脱俗行为，她们多舛的人生命运也反衬出南京城市的风雨沧桑。

第三组数据是"三十多万无辜同胞"。1937年12月，侵华日军占领南京，对南京城内的无辜平民和放下武器的军人进行了长达40多天的血腥大屠杀。三十多万无辜同胞丧生在日军的屠刀之下，这也再次诠释了南京城的风雨沧桑。

南京大屠杀

结　语

南京以其"龙盘虎踞"、"钟灵毓秀"的山川形势吸引了历代帝王在此建都立国450年。虽说大家都不否认"江南佳丽地，金陵帝王州"的说法，然而，正如同刘禹锡在《西塞山怀古》中所描述的"王濬楼船下益州，金陵王气黯然收"那样，金陵的王气似乎又总是不那么长久：三国灭于魏晋、东晋六朝更迭频繁、南唐后主李煜成了大宋王朝的阶下囚、大明帝国也只是短暂地在南京立国、太平天国和中华民国的梦想也只是昙花一现。而最后一个在南京建都的蒋家王朝呢？正像毛泽东在《解放军攻占南京》一诗中所说的：

钟山风雨起苍黄，百万雄师过大江。

虎踞龙蟠今胜昔，天翻地覆慨而慷。

当百万雄师渡过长江，蒋介石的国民政府只能逃到小岛台湾去了。

那么，这到底是什么原因呢？

一方面，南京在地理位置上处于南北交接的地带，所谓亦南亦北、不南不北，是一块王气颇盛的"风水宝地"。中国历史上历次动乱时期北方大族的南迁，都把南京作为首选地。所以，从某种意义上说，南京成了中原传统文化在南方的避难所、庇护地，成了南北文化交融的结合点。大量的文人骚客聚集于此、生活于此，给南京这座城市增添了更多儒雅之气。

另一方面，这种儒雅也伴随着某种程度上的文弱。所以，在历次动乱中，南京频罹磨难：三国吴的内乱、南朝四国的杀伐争斗、金元对南京的数次抢掠、鸦片战争失败后屈辱的《南京条约》的签订、抗日战争时期日军对南京灭绝人性的大屠杀等，都在历史上留下了很深的烙印。

当然，除了南京的儒雅与文弱，还在于其政治与军事地位的重要性。南京是名副其实的东南重镇，是中原王朝稳定南半个中国的桥头堡，或者说根据地，只要牢牢控制了南京，就基本稳定了东南半壁江山。所以，在历史上频繁的南北纷争中，南京以及南京人付出了无数次血的代价。不过，用血的代价换来的，则是中华民族大一统国家的稳定、南北共同发展与繁荣。

然而，曲折、多难、沧桑的建都历史也给南京带来了丰富的阅历，使南京几乎见证了我国历史上从封建社会到半封建半殖民地社会，再到资本主义社会所有的历史大变革。可以说，古都南京像一位饱经沧桑的历史老人，阅尽中华民族历史上的苍凉和悲壮。

这种经历，也给南京留下了丰富的文化遗产，使南京的文化显得十分厚重。对南京城有深厚感情的现代文学家朱自清先生曾说：

> 逛南京就像逛古董铺子，到处都有些时代侵蚀的遗痕。你可以摩挲，可以凭吊，可以悠然遐想：想到六朝的兴废，王谢的风流，秦淮的艳迹。
>
> ——朱自清《南京》

南京就是这样，它饱经"风雨沧桑"，又以博大胸怀容纳"北风南韵"；它既"风流"，又处处彰显"儒雅"的气质。直到今天，南京的水、南京的山、南京的城、南京的林，它的一砖一瓦、一树一草，它的秦淮河，它的夫子庙，虽然历经千年风雨，却仍然那么气质高雅，令人敬仰！

那么，接下来，古都之"风"又会吹向哪里呢？

请关注下一章："和"之北京！

附：历代建都南京一览表

政权名称	起止时间（年）	都城类型	文化遗存和景观
吴	229~280	割据分裂时期都城	1. 世界文化遗产，5A景区：明孝陵 2. 5A景区：钟山风景区、夫子庙风光带、瞻园、中国科举博物馆、美龄宫、中华门瓮城 3. 4A景区：总统府、玄武湖公园、南京博物院、南京大屠杀纪念馆、高淳老街、雨花台风景区等 4. 3A景区：石头城公园、将军山风景区、大金山风景区等
东晋	317~420	统一王朝都城	
宋	420~479	割据分裂时期都城	
齐	479~502	割据分裂时期都城	
梁	502~557	割据分裂时期都城	
陈	557~589	割据分裂时期都城	
南唐	937~975	割据分裂时期都城	
明	1368~1403	统一王朝都城	
太平天国	1853~1864	农民起义政权都城	
中华民国	1912，1928~1937，1946~1949	统一王朝都城	
合计	450		

第六章

"和"之北京

本章序

  北京,这里有世界上规模最大的皇宫——故宫,这里有曲径通幽的胡同、青墙灰瓦的四合院,这里有皇城根下京味文化。

  北京,拥有3000多年的建城史,900多年建都史,它亲历了中国封建社会最后的辉煌,也见证了它的腐朽灭亡。在封建王朝的最后500年里,北京都是帝国的中心。

  这里有最正宗的皇宫文化,明清故宫是我国现存规模最大、最古老、最完整的宫殿建筑群;这里有独特的皇城根文化,四合院、古街和胡同随处可见;这里是大运河的源头,东、西、南、北在此融会贯通;这里诞生了国粹京剧,体现着古老文明国度的浓郁文化气息。

  抚今追昔,古都北京留给我们的最大财富究竟是什么呢?

  本章将从"天时地利人和"、"旷世和举"、"促和符号"与"和而不同"四个视角为您解读"和"之北京!

六大古都中，北京是唯一一个既是古代都城又是现代首都的城市，也是保留我国传统文化最集中、最丰富的城市。1949年1月，北平和平解放，两个月之后，毛泽东和周恩来、朱德等中央领导离开河北省西柏坡，前往北平筹备建国大业。临出发的时候，毛泽东对身边的周恩来、朱德等革命先辈说了一句意味深长的话：我们这是进京赶考啊！

谁来考他们？历史考他们！考他们什么？是否得民心！

半个世纪以来的实践证明，毛泽东等革命先辈交出了一张漂亮的答卷——使北京成为各族人民心中的圣地、成为全世界最具魅力的城市之一。

那么，革命先辈们成功的秘诀在哪里？

我觉得，就在于紧紧抓住了"和"这个字，带来了国家和平、民族和谐、人民幸福！

其实，如果考察北京城市发展史就会发现，北京与"和"这个字是有很深的渊源的。也就是说，"和"的文化在北京是一脉相承的。下面，我们就围绕"和"这个字，来说一说古都北京的前世今生。

一、天时地利人和

拥有了天时、地利和人和的北京曾经做过元、明、清三个统一王朝的都城；另外，还曾做过战国时期的燕、前燕、金等割据分裂王朝的都城，总计建都时间超过了900年。北京的崛起得益于其处于游牧文明与农耕文明交会的特殊区位，这种区位促进了游牧民族和汉民族逐渐融合，奠定了北京从一个一般的地方重镇成为全国性政治中心的地位。

天时、地利和人和是三个吉祥的词汇，占有其中之一就非常幸运了。但是，历史上，北京却曾经把三者都占全了。

北京首先占了天时、地利。清代历史学家赵翼曾经说：

> 秦中自古为帝王州，周、秦、汉递都之，……唐因之，至开元、天宝，而长安极盛矣。盛极必衰，理固然也。是时，地气将自西趋东北，故突出安、史以兆其端。……至一、二百年，而东北之气积而益固。于是，金遂有天下之半，元、明遂有天下之全。……此王气全结于东北之明证也。

——《廿二史札记》

赵翼认为，我国的地气，或者说王气，原来集结在西北的长安，所以，成就了周、秦、汉、唐时期长安的繁荣。从唐代"安史之乱"后，地气从西北逐渐转移到了东北，北京就成为金、元、明的都城。

但是，我们知道，地气、王气都是封建迷信的说法。那么，北京崛起的真实原因是什么呢？

周、秦、汉、唐时期，我国北方、西北方游牧民族戎、狄、匈奴、鲜卑、突厥等的力量比较强大。为了处理好与这些游牧民族之间的关系，也为了有效抵御这些游牧民族的侵扰，那一时期的都城就放在了进可攻、退可守的关中西安附近。此后，北京之所以代替长安成为全国的政治中心，是因为唐代"安史之乱"爆发后，生活在我国东北地区的契丹、女真、蒙古、满等游牧民族逐渐强大，登上历史舞台，我国的政治和军事重心也就自然而然转移到了东北与中原地区接壤的北京地区。这对北京来说，似乎得到了上天的眷顾，占有了天时。

天时不如地利！

北京的所谓天时，其实是由地利带来的。当年，元世祖忽必烈在和大臣们讨论定都地点的时候，一个叫霸突鲁的大臣曾向忽必烈建议：

元世祖忽必烈
（1260～1294 年在位）

> 幽燕之地，龙蟠虎踞，形势雄伟，南控江淮，北连朔漠。……大王果欲经营天下，驻跸之所，非燕不可。
>
> ——《元史·霸突鲁传》

北京在古代又称幽州，曾经做过战国时期燕国的都城，所以也称作幽燕之地。霸突鲁认为，北京虎踞龙盘，形势雄伟，向南可以控制江淮，向北与朔漠联系在一起。所以，建议忽必烈定都北京。

明末清初的思想家顾炎武在《历代宅京记》里也曾记载说：

> （北京）右拥太行，左注沧海，抚中原，正南面，枕居庸，奠朔方。
>
> ——《历代宅京记·幽州》引《辍耕录》

我们结合北京的地理位置图来分析一下顾炎武引述的这段话：北京位于华北平原的北部边缘，西部是太行山，东部邻近渤海湾。向南，可以镇抚中原，有利于统治南方广大地区；向北，依托长城居庸关，奠定对北方统治的基础。所以，北京正好处在中原与东北交通往来的咽喉要地，是以农耕为主的汉民族与以游牧为主的少数民族相互交流的枢纽，占有极佳的地利条件。

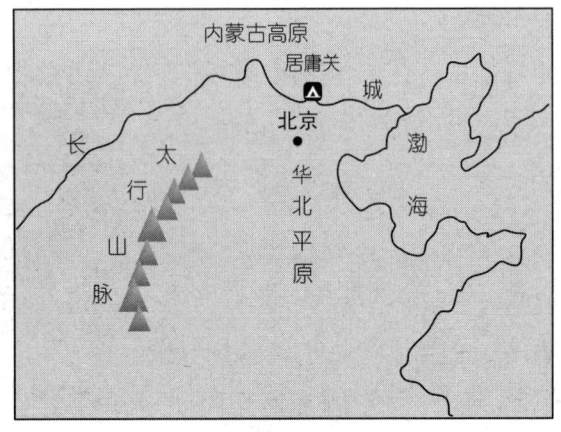

北京地理位置示意图

不过，拥有了天时、地利还不够，北京是否能够崛起成为都城，关键还要看它是否拥有"人和"。

说到北京地区的"人和"，不得不提到一个人——历史上被戏称为"儿皇帝"的石敬瑭。石敬瑭本来是五代后唐的一个将军，为了夺取帝位，936年，石敬瑭以割让幽、云十六州（今北京全部，天津、河北与山西一部分地区）和认辽太宗耶律德光为父作为条件，取得了辽军的援助，推翻了后唐，当上了后晋的皇帝。当上皇帝后，就得兑现承诺呀！于是，一方面割让幽、云十六州，另一方面称辽太宗为父皇帝，他自己呢，被后人戏称为"儿皇帝"。幽、云十六州的易主（割让），对北京的崛起意义重大！因为，对于中原王朝来讲，北京无非是一个向北防御的重镇，而对于东北游牧民族而言，北京却是一颗掌上明珠！以此为跳板，游牧民族从此打开了入主中原的门户。

尤其值得注意的是，以北京为中心的幽、云十六州地区人民的生活从此发生了重大改变。我们以三个特殊人物为例来对此加以说明：

第一个是刘秉忠。他是河北邢台人，祖上曾是契丹族建立的辽、女真族建立的金的官员，而父亲曾做过蒙古族建立的元朝初期河北邢台一带的地方官。所以，刘秉忠从小就生活在既有浓厚儒家文化传统，又受北方游牧民族文化影响的家庭。成人后，他经人推荐，在蒙古草原见到了元世祖忽必烈，并深受忽必烈的赏识，从此成为忽必烈身边的重要谋臣。他对北京城最大的贡献，是受元世祖忽必烈指派，全面规划设计了元大都城，基本奠定了北京城市格局。

古代非常重视都城的设计规划，并在2000多年以前就产生了系统的都城规划理念。据《周礼·考工记》记载：

> 匠人营国，方九里，旁三门，国中九经九纬，经涂九轨，左祖右社，面朝后市，市朝一夫。
>
> ——《周礼·考工记》

这段话的意思是说，高明的建筑师营建都城，九里见方，都城的四边各开三个门。城中有九条南北大街、九条东西大街，每条大街可容九辆车并行。王宫门前的主干道路左边是宗庙，右边是社稷坛；前面为朝廷，后面是市场，市场和朝廷各百步见方。

这段话出自春秋战国时期的著作《周礼》，被认为是我国最早、最系统、也最符合儒家传统礼制的都城建设规划设想。但从周、秦、汉、唐，一直到两宋，都城建设都没有严格按照这种规划来施行，到了刘秉忠规划设计元朝大都时，才把这套都城建设理论付诸实施。所以，元大都被认为是最接近《周礼·考工记》设计理念的都城。刘秉忠设计的元大都城位于今北京城略微偏北处，分外城、皇城、宫城三重，宫城居中，中轴对称布局，宫、市、庙、社的安排井然有序。意大利旅行家马可波罗曾经游历过元朝大都，在他的《马可波罗行纪》中这样记载：

全城地面规划有如棋盘，其美善之极，未可言宣。

——《马可波罗行纪》

元大都城规划设计和建设于700多年以前，它设计合理、气势恢宏，不仅为北京成为全国政治、经济和文化中心奠定了基础，而且使北京成为一座国际化的大都市。所以，在北京城市建设和规划方面，刘秉忠是居功至伟的！

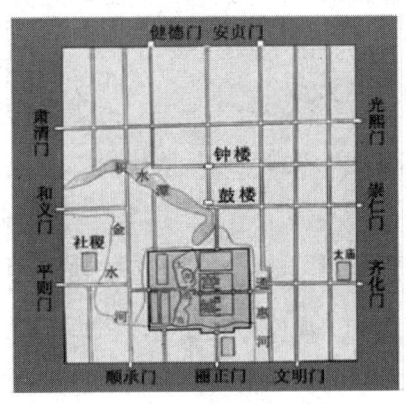

元大都城示意图

第二个人是郭守敬。很多人了解郭守敬是因为他是位天文学家，曾经编订过一部著名的历法《授时历》。其实，他还是一位出色的水利工程专家。郭守敬是河北邢台人,经刘秉忠引荐成为元世祖忽必烈时期主管全国水利事务的都水监。他对北京城最大的贡献有两个:一是提出了开通京杭大运河的总体思路;二是亲自主持开凿了连接北京与通州的通惠河,使京杭大运河的漕船可以从江浙直通北京的积水潭。大家知道,北京地区并非我国粮食的主产区。所以,北京在作为都城期间,所

元代天文学家、水利工程专家郭守敬(1231~1316)

消费的粮食和物资大多来自南方地区,而京杭大运河就成了北京的生命线。郭守敬主持开凿的元代大运河奠定了元、明、清京杭大运河的基础,功莫大焉!今天,在北京积水潭医院旁边什刹海的岸边,还立有一座郭守敬的塑像,以纪念郭守敬的不朽功绩。

第三个人叫范文程。范文程是辽宁沈阳人,有深厚的汉文化修养。他出生的时候,沈阳就已经是满族建立的清朝活动的区域。所以,他年轻时就跟随努尔哈赤做谋臣,后又作为重要谋臣服务于皇太极、顺治和康熙三朝,被清人看作汉之张子房(张良)、明之刘伯温(刘基)。关于范文程,在北京留下了很多传说,明末守卫山海关的大将袁崇焕之死就出于范文程的谋划。

明朝末年,皇太极率领清军主力,向北京进兵,却遇到了守卫山海关的辽东巡抚袁崇焕的顽强抵抗,满族铁骑被阻在长城脚下,寸步难行。这时候,范文程给皇太极献上了一条反间计。这

个计策是这样的：清军俘虏了一个明朝监军杨太监，一天晚上，有意让杨太监听到清军与袁崇焕私底下有联络的消息。第二天，放松警戒，放跑了杨太监。杨太监回到北京，一五一十地向崇祯皇帝汇报了所谓袁崇焕勾结皇太极的情报。与此同时，皇太极又派人化妆进了北京，散布袁崇焕谋反的谣言。这样，糊涂的崇祯帝听信谣言，就下令处死了袁崇焕。袁崇焕死后，明朝失去了守卫北京的真正长城，为后来清军入关打开了方便大门。

当然，范文程对于清王朝入主北京的贡献远不止这些。在清军入关统一全国的过程中，他还向清政府提出了这样的国策：

官仍其职，民复其业，录其贤能，恤其无告。

——《清史·范文程传》

主张让明末官吏继续做原来的官职，让老百姓还从事原先的产业，录用贤能之士，抚恤那些有反清倾向但却没有被告发的人。这样的国策对于清朝统一全国、并稳定其封建统治起到了十分关键的作用。

刘秉忠、郭守敬和范文程的经历说明了什么呢？

在石敬瑭以前，北京地区生活的主要是以农耕为主的汉民族，自从石敬瑭割让幽、云十六州后，在辽、金、元、明、清时期，北京地区就成为游牧民族和汉民族杂居的区域。北京既是汉民族的家园，也成了游牧民族生活的家园。汉民族与游牧民族互相防范、相互敌视的状态逐渐消失了，代之以互相交流、相互学习，逐渐融合为一体。这样，就出现了和睦相处的"人和"局面。

所以，有时候历史就是两面的，认辽太宗做父的"儿皇帝"

石敬瑭成了后人的笑柄,但他割让幽、云十六州的行为却为北京从一个军事重镇崛起成为全国的政治中心提供了良机。因此,占有了天时、地利,又获得了人和的北京,就先后成为辽的"南京",金、元、明、清的都城。又因为北京曾做过战国时期燕,以及南北朝时期前燕等的都城,后来又做过中华民国的都城,这样,北京前后作为都城的时间就长达903年,成为建都时间仅次于西安的六大古都之一。

二、旷世和举

中国人都懂得"家和万事兴"的道理，其实，国家也是如此：只有各民族、各党派和谐团结，才能使国家发展、民族富强。金、元以前，汉民族与北方游牧民族长期处于对峙状态，相互攻伐的多，和谐共处的少。因此，金、元即使从地盘上占领了中原和南方广大地区，其统治也是不稳定的、短暂的。明朝迁都北京，明成祖和他的子孙也没有处理好汉民族与少数民族的关系，试图用一道长城把两者永远隔离开。因此，明朝在北京的统治也总是危机四伏。满族建立的清朝放下了身架，主动学习和吸收先进的汉文化，汉民族与各少数民族和谐共处，共同发展。因此，清朝才能够在北京获得长达两个半世纪之久相对稳定的统治。

我们说，打江山容易，坐江山难！

建都北京的金、元、清都是游牧民族建立的政权。它们都拥有强大的骑兵，从马上可以得到天下，但马上治不好天下！这方面的教训很深刻。

比如：1644年五月，清军入关，攻占北京，明朝灭亡。一开始，清朝廷还能接受范文程的建议，实行相对缓和的民族政策。但是，接下来，清朝廷盲目相信武力，开始推行强硬的民族政策，给新建立的清王朝带来了政治上的严重危机。其中，"剃发令"的颁布就是一个典型的例证。

"剃发令"的内容是什么呢？

清政府规定，所有汉族男子，必须接受"剃发"。就像我们大家在电视剧、电影中看到的那样：汉族男人被要求剃掉前半个脑袋的头发，留下后脑勺的长发扎成一个大辫子。剃发本来是满族人的风俗，在满洲贵族看

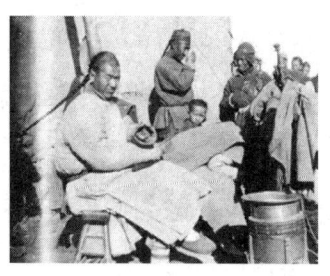

清朝留长辫子男子

来，汉人只有依从满俗，才算是真心归顺！但在汉民族的传统观念里面，身体发肤受之父母，不能随意损毁，剃发被认为是强加于七尺男儿头上的奇耻大辱，具有明显的民族压迫性质。所以，剃发令就在北京、中原和广大江南地区遭到了强烈抵制，南方地区的反抗尤其强烈。为镇压激烈的反抗，清廷甚至不惜大开杀戒，制造了骇人听闻的"嘉定三屠"事件。

这个事件是这样的：清军占领北京后，明朝的残余势力退守

江淮,并以南京为中心,建立了一个南明政权。随之,明军的残余部队、大量的贵族、士大夫也沿大运河转移到了南方。因此,清军在平定南方的过程中付出了惨重代价。南方被平定后,"剃发令"随之颁布并强制施行,江南的士大夫和老百姓就把抵制"剃发令"作为反清、抗清的另一种形式,江苏嘉定县的百姓甚至喊出了"头可断,发不可剃"(《明季南略》卷四)的口号。为此,顺治二年(1645年)六月,清军曾三次攻入嘉定县,对敢于抵制剃发令的百姓进行了血腥镇压,前后有将近十万人被杀,这就是所谓的"嘉定三屠"。"嘉定三屠"骇人听闻,在江南文人士大夫和普通百姓的心里埋下了对清朝统治者的刻骨仇恨,民族之间的隔阂越来越深,清朝在南方的统治就失去了人心。这样,北京与南方之间就出现了"不和"!即使到了康熙、乾隆统治时期,这种民族隔阂还没有完全消除,在南方江浙一带,反清思想和活动一直持续不断。

"剃发令"事件给清朝统治者提出了一个严峻的问题:大清江山社稷稳定的根本是什么?换句话说,清朝在北京统治长治久安的出路在哪里?

很明显,在于各民族间、尤其是满汉民族间能否和睦相处。

所以,清朝要想达到稳定其政治统治的目的,只有两种途径:

第一,加强对不同文化、尤其是对汉文化的理解和认同。这样,才能消除民族偏见和歧视。

第二,采取必要的行动,弥合满汉之间的隔阂,尤其是要收服南方人的心。

于是，为了稳定清朝在全国的统治，北京最高统治阶层就推出了两项具有深远历史影响的重大举措。因为这两项举措的核心目的是为了民族和谐，我就把这两项措施称为"旷世和举"！

下面，先说第一项举措，即皇子教育制度。

在这方面，居功至伟的是康熙皇帝。康熙皇帝5岁开始在紫禁城读书学习，尤其注重学习汉文经典，一生从不间断。康熙皇帝曾回忆说，每天，老师都要指定某段汉文经典，让他背120遍，直到把"四书"（《论语》《孟子》《大学》《中庸》）完全背下来。这种学习经历，使康熙帝成为具有深厚汉文化修养的帝王。

由于深刻认识到学习汉文化的重要性，所以，在康熙当政初期，就于紫禁城设立上书房，延聘学问和道德俱佳的满汉学者，专门教皇子、皇孙读书学习。在康熙帝之后，经过雍正、乾隆等帝王的不断完善，清朝就形成了一套完整的皇子教育制度，在入学年龄、学习时间、学习内容等方面都作了严格规定：

清康熙皇帝玄烨
（1662~1722年在位）

1. 入学年龄。按照规定，皇子、皇孙、皇曾孙们从6岁（虚岁，实际上是满五周岁）进入紫禁城的上书房学习，这种学习生涯一直要坚持到成人为止。

2. 学习时间。上书房规定，读书时间是早晨5点至下午3点，10个小时。读书时要正襟危坐，夏天不许摇扇子；午饭的时候，侍卫把饭送来，饭后不午休，继续学习。一年365天，只有元旦（清代大年初一）、端午、中秋、万寿（皇上的生日）、自寿（自己的生日）才放假，全年只有5天的假期。连除夕也不放假，至多早一点放学而已。

3. 学习内容。学习内容分三方面：满蒙文字、汉文经典、弓马火器。兼采满汉、以汉为主，文武并重。其中，学习儒家经典的时间最长。

现在，我们很多家长觉得中、小学教育给孩子们的压力太大了，但与清朝的皇子们比起来怎么样呢？

我们可以算一笔账：现在的中、小学生有多少天假期？首先有52个双休日，共104天；元旦、清明、五一、端午、中秋各放1天假，总计5天；十一、春节各放3天假，总计6天。暑假、寒假各3周左右，总计42天。一年里公休假日总计达到157天，占一年365天的44.8%，即将近半年的时间是假期。这样一比，就显而易见，清朝的皇子们那才叫压力山大呢！

顶着巨大的学习压力，清朝皇子们接受教育的效果又怎样呢？我们知道，各皇子禀赋不同，性格差异很大，教育过程中应该因材施教。否则，这种山大的压力就有可能压垮皇子、皇孙们，甚至酿成惨祸。道光皇帝在位的时候，就出了这么一件事：

道光皇帝有一个皇长子叫奕纬，他从小就喜欢骑马射箭，偏偏不喜欢读书。每天10个小时"之乎者也"对奕纬来说简直就是一种煎熬！而他的老爸道光皇帝却偏偏又是个深受儒家思想熏陶的皇帝，整天手不释卷。道光皇帝当然也希望他的这位皇长子能像他那样，认真读书，掌握儒家经典，将来能够担当起大清江山社稷的重托。这才是真正的望子成龙啊！但数年下来，奕纬在学业上却毫无进展，让道光大失所望。

到了奕纬23岁的时候，他的两个弟弟相继夭折，奕纬就成了皇位的唯一继承人，道光就让奕纬依然留在上书房读书。有一天，师傅在辅导奕纬读书时，就劝他说："您要好好读书啊，将来才能当个好皇上！"奕纬没好气地说："要是我真的做了皇上，第一个要杀的就是你！"这可吓坏了师傅，回头他就一五一十地给道光皇帝做了汇报。道光皇帝听后，火冒三丈，立即命人把奕纬叫来。面对不争气的儿子，道光皇帝气不打一处来，本来文质彬彬的他这时候却突然飞起一脚踢向奕纬的小腹部。这一脚踢得太重，奕纬当时昏死了过去。没过几天，奕纬就不治身亡了。道光皇帝望子成龙太心切了，结果却酿成了惨祸！

很显然，奕纬之死只是极特殊的个案。但透过奕纬之死说明了什么呢？清朝的皇子教育是非常严格，甚至近似苛刻的。这在中外历史上并不多见。

不过，有耕耘就会有收获！严格的皇子教育给清朝带来了两个明显的效果：

第一，全面提升了清朝皇帝、皇子的文化素质，使清朝成为我国历史上皇帝整体文化修养最高的朝代。清朝统治268年，有辉煌，也有没落，甚至还经历了鸦片战争的奇耻大辱。但

清道光皇帝旻宁
（1820~1850年在位）

自清朝入关，历经十个皇帝，没有出现一个荒唐怠政、昏聩无道的君主。即使如光绪、溥仪等后期清帝也相当勤政，这在我国2000多年的封建社会历史上是十分值得称道的。

第二，为民族融合奠定了坚实基础。由于从小就学习"四书"、"五经"等汉文化经典，所以，清朝皇帝都有很高的汉文化。这无疑有利于清朝统治者摒弃保守、狭隘的民族观念，积极汲取汉民族的先进文化，从而促进各民族文化的交流，为民族融合奠定坚实基础。大家都知道，我国有56个民族，这56个民族就是在清朝实行的民族包容、民族和睦政策下定型的。

所以，教育是清朝的立国之本，立人之本！古代如此，今天更是这样。

再说第二项举措，即康乾南巡。

很多朋友都知道康熙和乾隆皇帝六下江南的故事，这祖孙两代都曾经于在位期间，沿着大运河六次下江南巡游。不过，对于康乾南巡的目的众说不一：有人认为皇帝是为了炫耀国力；有人认为皇帝是为了游山玩水。还有一种说法，认为乾隆南巡是为了揭开他的身世之谜：传说乾隆是汉人，不是满人，他的父亲祖籍在浙江海宁，所以，乾隆才六下江南去寻亲。事实是否如此呢？我认为，康熙和乾隆之所以不辞辛劳，前后六次下江南巡游其主要目的是为了稳定对南方地区的统治，是为了收服南方的人心。所以，他们的旅行是不折不扣的"人和之旅"！

前面我们说过，"剃发令"的颁布在南方地区引起了激烈的反抗，清军在嘉定制造了骇人听闻的"嘉定三屠"事件。即使到了康熙、乾隆统治时期，这种民族隔阂还没有完全消除，在南方江浙一带，反清活动一直延续不断。

所以，康熙和乾隆皇帝感到，要想使清朝在北京的统治长治久安，必须采取必要的措施稳定对江南地区的统治。因为这个区域对于清朝的统治是异常重要的：首先，这个区域是明朝残余势力最集中的区域；其次，位于大运河沿线的江苏和浙江是清朝粮食的主产区，是封建国家粮食赋税的主要来源地。所以，必须加强对这个区域的控制，康乾南巡就是在这个大背景下进行的。

因为怀有特殊的收服人心的目的，所以，康熙和乾隆皇帝的南巡也就与以往很多帝王的巡游明显不同了！

以往帝王，比如秦始皇、汉武帝、隋炀帝等的巡游，一般都要做几件事：一是减免巡游经过地区的赋税、钱粮；二是检查地方官员的工作，以奖励为主，惩罚为辅，竭力笼络地方官员；三是慰问地方老臣和士绅代表，甚至赏赐给他们的子孙以功名，笼络地方人心。我们把这三种行为姑且叫做"规定动作"。但是，我们发现，康乾在南巡中，除了这些规定动作外，还做了另外两个特殊的"自选动作"。那么，是两个什么样的"自选动作"呢？

一是祭奠明孝陵。我们知道，南京是明朝初期明太祖朱元璋建都之地。后来，明成祖朱棣虽然把都城迁到了北京，但南京仍然保留了一套领导班子，其职能相当于陪都。南京实际上成为明朝在南方地区的政治、经济和文化中心，地位非同一般。所以，清朝廷要想彻底解决江南的问题，必须从南京入手。于是，康熙和乾隆就在南京走了收服南方人心最关键的一步棋，就是祭奠明孝陵。明孝陵是明朝开国皇帝明太祖朱元璋在南京的陵墓,南巡期间,康熙曾五次、乾隆曾六次到南京,每次到南京,两位帝王都隆重地祭奠明孝陵。至今,在明孝陵,还留有乾隆所题的字:

"戡乱安民得统正还符汉祖,立纲陈纪遗模远更胜唐宗"。

清乾隆皇帝弘历

(1736~1795年在位)

意思是说明太祖朱元璋戡乱安民、立纲定制的功劳比肩于汉高祖,甚至胜过唐太宗,给予了明太祖很高的评价。通过拜祭明孝陵,康熙和乾隆向江南地区传达出了至少三个方面的信息:

第一,表示对前朝开国皇帝的尊重。明太祖朱元璋从一个穷苦的放牛娃,成为大明江山社稷的开国皇帝,其宏图伟业应该是受到尊重的。作为清朝的皇帝,康熙和乾隆也同样表达了对明太祖的敬仰。

第二,表明清朝统治的合理性。清朝是明朝统治的继续,明太祖也是大清的共主。所以,清朝统治的合理性应得到认同。

第三,清朝统治是历史发展的自然结果。

事实证明,通过祭奠明陵,康熙和乾隆皇帝不仅在很大程度上消减了明末清初一直存在于江南地区对清朝统治的抵触情绪。同时,也营造了满汉一家、民族和谐的氛围,对于清朝强化对江浙地区在思想文化方面的统治具有不可低估的作用。

南京明孝陵

康乾南巡的第二个"自选动作"则是到曲阜的孔庙祭拜孔子。

曲阜孔庙

孔子是儒家思想的奠基者,汉武帝之后,以孔子为代表的儒家思想就一直成为封建王朝的正统思想。清朝入关后,也以封建正统王朝自居,所以,对孔子的礼敬实际上就是对儒家思想文化的尊崇。我们注意到,南巡过程中,康熙、乾隆曾分别先后五次特意转道山东曲阜,去孔府看望孔子后人,然后在孔庙举行隆重的礼仪祭拜孔子。康熙二十三年(1684年),康熙皇帝第一次南巡时，亲自到曲阜孔庙瞻仰，行三跪九叩大礼，并特书"万世师表"匾额，至今还悬挂在孔庙大成殿的中央。

通过祭拜孔子，康乾不仅从实际行动上表明了对汉文化的认同，而且拉近了与汉族知识分子在感情上的距离。

常言道"得民心者得天下！"康乾南巡最大限度地消减了一直存在于江南地区对清朝统治的抵触情绪，收服了南方人心，营造了民族和谐的氛围。最终，为清朝在首都北京的长期统治奠定了坚实基础。

三、促和符号

京剧是在北京形成的戏曲剧种之一,至今已有200多年的历史,它已经成为我国的国粹。慈禧也是京剧的超级粉丝,她不仅喜欢看京剧,而且还亲自改编京剧剧本,京剧《天雷报》曾经被慈禧改编了两次。那么,这背后的原因究竟是什么呢?

另外,说起北京,人们首先想到的是故宫。但说白了,故宫就是皇帝住过的大四合院。四合院的历史可以追溯到辽金时代,自元代正式建都北京后,北京传统四合院住宅才开始大规模修建。后来,经明、清、民国至今,四合院一直是北京城最具特色的传统居住形式之一。那么,四合院又在北京和谐文化构建过程中发挥过怎样的作用呢?

要营造浓厚的"和谐"文化氛围,仅仅依靠皇子教育、康乾南巡这种"顶层设计"是远远不够的,还必须培育深厚的"和"文化社会基础、群众根基。我们知道,京剧与四合院是北京人的最爱,是老北京的两大文化符号!以往,人们大多是从娱乐和居住的角度来看待这两大文化符号的,其实,京剧和四合院还曾担当过"促和"的文化角色。所以,可以把它们称为北京的"促和符号"。它们是如何发挥促和作用的呢?

据清宫档案记载,从乾隆开始,清朝的帝、后都喜欢京剧。慈禧太后尤其酷爱京剧,还曾亲自改编过一个叫《天雷报》的剧本。

光绪二十六年(1900年)慈禧请著名京剧表演艺术家谭鑫培到宫里演出《天雷报》。剧情是这样的,以打草鞋为生的张元秀夫妇收养了一个弃婴,取名张继保,含辛茹苦将其养大,并想方设法让他读书识字。后来,张继保中了状元,做了高官,却翻脸不认张元秀夫妇。到了晚年,张元秀夫妇失去生活自理能力,靠四处乞讨为生,眼看快要饿死了,走投无

清慈禧太后叶赫那拉氏
(1835~1908)

路的情况下,去找张继保。可张继保全然不顾养育之情,死不相认。两位老人悲愤交加,双双碰壁而死。上天为之震怒,用雷劈死了张继保。就是这么一出看似普通的戏,但慈禧看后,却大加

赞赏，一下子喜欢上了这个剧目。这其中的缘由是什么呢？

原来光绪皇帝并非慈禧的亲生子，而是她妹妹的儿子。在慈禧的一手操纵下，光绪才被选定为皇位继承人，登上皇帝宝座。在慈禧看来，是她给了光绪一切。可是后来，因为慈禧反对光绪皇帝主持的"戊戌变法"，在政治上两个人就产生了严重分歧，光绪曾经打算派兵围攻颐和园，然后除掉慈禧。在慈禧眼里，光绪不就是忘恩负义的张继保吗？所以，慈禧喜欢《天雷报》就不奇怪了！

不过，慈禧看过谭鑫培戏班子的第一遍演出后，总觉得不解气，要求谭鑫培在戏中加五个雷公、五个闪电，一定要把张继保劈个粉身碎骨。第一遍改编后，再看，还不解恨，又要求谭鑫培在戏里再加上风

京剧《天雷报》剧照

伯雨师。因为宫廷里的大戏台有三层，可以用声、光、火等当时所能利用的表现手段，充分展现霹雷闪电、狂风暴雨的艺术效果，让忤逆不孝之人看了产生恐惧之感。这样，《天雷报》就被慈禧改了两遍，在宫中演出了三次。在第三次演出的时候，慈禧专门叫来了光绪帝，让光绪坐在她身边，和她一起观看。慈禧一边看演出，一边拿眼睛瞪着光绪，把《天雷报》当成了活生生的教材来教训在她眼里不忠不孝的光绪帝。

从慈禧处心积虑改编《天雷报》这个剧本可以看出，清代

帝、后对京剧的社会教化作用是多么看中。可以想象，经慈禧改编的《天雷报》到了民间演出，无疑也会达到同样的教化作用。

其实，京剧在其发展的200多年间，在北京所发挥的促进基层社会稳定、和谐方面的作用是十分显著的。京剧发挥作用的渠道有两种：

首先是精选剧目，引导社会风尚。京剧传统剧目有将近2000个，其中，三国戏、岳飞戏、杨家将戏、包拯戏，占了剧目的绝大多数。所以，几乎没有哪个老北京人不知道鞠躬尽瘁的诸葛亮、义薄云天的关云长、精忠报国的岳飞、满门忠烈的杨家将、刚直不阿的包青天。这些剧目和《天雷报》一样，宣传了忠、孝、仁、义的思想观念，强化了"君君、臣臣、父父、子子"社会等级秩序，发挥了引导社会风尚的显著作用。

其次是寓教于乐，传播礼仪道德。在老北京，大多数人并没有机会接受正规的学校教育，京剧就是他们了解历史知识，接受礼仪道德教育的基本形式。京剧以通俗易懂的语言，把高深的礼仪道德转化为普通百姓喜闻乐见的艺术形式，在潜移默化中传播了社会礼仪和基本道德规范，发挥了社会教化的作用，成为稳定社会秩序、营造和谐氛围的思想基础。

说过了京剧，下面再说说四合院。四合院是老北京典型的传统住宅形式，是老北京人心灵的故乡！四合院又是如何扮演促和角色的呢？有两个方面：

一方面构建了一个和谐的生活空间。北京地处华北大平原北部地区，冬天寒风从西北来，夏天凉风从东南方向来。四合院坐北朝南，门开在南边，冬天可以避开凛冽的寒风，夏天则可迎纳东南方来的凉风。中间院落宽敞，常常摆上一口大鱼缸——这是因为北京相对比较缺水，摆上鱼缸，一是为了观赏，二能够调节空气，三还有防火的功能。院落中央还常常栽植一些花草树木，绿化美化环境，清洁空气。所以，北京有句老话形容相对比较富裕家庭的四合院说：

天棚鱼缸石榴树，先生肥狗胖丫头。

——《旧京琐记》

为我们呈现了一幅富足而饶有诗意的和谐生活场景。

另一方面则是营造了一个和睦的家庭氛围。四合院是一个微缩版的故宫，是一个独立的小社会。坐北朝南的北屋是上房，左右两侧是东西厢房，南边是配房。一家人怎么分配住房是有讲究的：长辈住上房，

北京四合院

晚辈住东西厢房，佣人住南边的配房。长幼有序、尊卑有别、各得其位、不能越轨，非常符合儒家传统礼仪规范。日常生活里，晚辈们每天早晚都要到长辈的房中问安；每顿饭一大家子人都围在一起吃，长辈不动筷子，晚辈是不能动的；逢年过节，还要举行严肃的祭祖仪式。这样，四合院里成长起来的孩子从小就养成了尊老爱幼、礼貌谦让、恭敬祖宗、和睦相处的优良品质。

老舍先生在他的一部小说《四世同堂》里就为我们描述了生

活在老北京小羊圈胡同一个祁姓大家庭四代共同生活在一个四合院的情景。在这个大家庭里,祁老太爷是当然的大家长,住最好的房子,掌管家里的钱财,大小事都由他说了算,是全家人的主心骨。祁家虽然生活在日本占领下动荡的北京城,但在祁家的四合院中透出的仍然是一种温馨、和睦的浓浓的亲情。尤其值得回味的是,老舍先生给祁家的第四代儿子取名"小顺儿",一则希望孩子能顺顺当当长大成人,续上祁家的香火;二则寓意孝顺,希望孝顺的家庭观念代代相传。《四世同堂》里的小羊圈胡同今天还有,只不过改名小杨家胡同了。老舍先生就出生在小羊圈胡同的一个四合院里,《四世同堂》描述的就是他的切身生活体验。所以,《四世同堂》除了在文学上获得了巨大成功以外,作品中也透露出老舍先生对四合院的深厚感情。

《四世同堂》剧照

大家也许会注意到,即使到了今天,在北京人的日常行为中,还特别注重礼数,街坊邻居、亲戚朋友谁家有个红白喜事、婚丧嫁娶,都要随个"份子",道个喜、问声安。出门在胡同口、大街上碰了面，京腔京韵的"您"也常常挂在北京人的嘴上，"您早啊！""您吃过饭了吗？""您的身子骨还硬朗吧！"听起来特别亲切、特别有人情味。这难道跟京剧、四合院中长期滋养的忠、孝、礼、仪道德规范没有关联吗？

不过，由于现代北京城市的扩张，四合院越来越少了。人们大都住高楼，子女和父母见面的机会也少了。所以，"常回家看看"这首歌一经播出，就马上流行起来。为什么？是因为大多数人不常回家，家的观念淡漠了、家庭的凝聚力正在丧失。《孔子家语》中曾经引述过这样一句话：

子欲养而亲不待！

——《孔子家语·致思》

作为子女，当想起来赡养父母的时候，父母却已经不在了。这是多么遗憾的事呀！所以，让我们重新拾起中华民族的优良传统吧，别让尽孝成为永久的遗憾！

四、和而不同

儒学思想奠基者之一董仲舒曾说:"德莫大于和。"把"和"看作"道德"的最高境界。在中华民族繁荣发展的历史上,"和谐"思想曾长期支配着中国人的思想观念和处事方式,并衍生出"礼之用,和为贵"、"家和万事兴"等可贵的文化理念。但"和"不是无原则的"和",不是囫囵吞枣,也不是全盘异化。如何在吸收外来文化精华的同时还保持传统文化的特色,体现出"和而不同"来,才是文化发展的最高境界!在这个方面,北京又为我们树立了一个典范。

北京作为六大古都中唯一一个从古代一直延续到现代的都城、全国的首善之区、文化中心，在"和"这种中华民族核心价值观的形成和发展中发挥了至关重要的作用。同时，北京也成为"和"文化的最大受益者。北京的很多文化遗产并不是土生土长的土著文化，而是不同民族、不同区域外来文化在这里碰撞、交融的产物。

我们举一个与老北京日常生活密切相关的小例子来说明一下这种文化现象——老北京的油盐店。

我们常说"开门七件事，柴、米、油、盐、酱、醋、茶。"今天如此，古代更是如此。从刘秉忠设计的元大都开始一直到民国时期，北京普通百姓居住区就是一个"胡同＋四合院"的格局。那时，没有今天的大型超市、也没有规范的菜市场，老百姓日常饮食所需靠什么解决呢？就是靠遍布在各个胡同的老北京的油盐店。这些油盐店有几个特点：

老北京油盐店

一是数量巨大。老北京的油盐店星罗棋布。据统计，晚清的时候，散布在各个胡同的大小油盐店有五万多家；新中国成立之前，北京旧城内外的油盐店还有1600余家，从业职工两万多人。

二是经营灵活。油盐店以零售油盐酱醋、酱菜咸菜、调味佐料为主，兼顾时鲜蔬菜和针头线脑的小百货，个别的还卖点五谷杂粮。

在数量众多的油盐店中，山西人开的油盐店在清末的北京最受欢迎。原因是什么呢？

首先是山西所产的醋是我国最好的醋之一，味香色浓，很受欢迎。

其次是山西人很会经营，精打细算、薄利多销、待人和善、童叟无欺。从不拒绝一分、二分的买卖，大人忙不过来，让四、五岁的小孩拿着钱去店里，只要说清楚买什么，决不会弄错或缺斤少两。常来的顾客，还可以先赊账，方便时再还账，或者等到逢年过节时一起结清。

三是营造了和谐气氛。现在，一提起做买卖就是批进批出，几倍的利润，这种现象并不代表商品经营的基本特点。大多数情况下，薄利多销才能集锱成珠、集腋成裘，油盐店尤其是这样。它们以附近街坊邻居为经营对象，把商品经营与老百姓的日常生活紧密联系在一起。它们不嫌本小利薄，靠勤奋经营，极具创造性，又很有人情味，靠和气生财！老北京人都亲切地称他们为"老西儿店"。

以山西人为主的油盐店的经营方式，既便利了百姓日常生活，又在胡同中营造出亲切温馨、极有北京味的和谐生活氛围，从而成为北京底层社会文化的重要组成部分。

在北京，像"老西儿店"这种文化现象还有很多表现形式。比如，胡同是北京的重要文化遗产，而这份遗产却是蒙古人入主北京的产物。胡同的发音来自于蒙古语"忽洞"，意思是井，因为刘秉忠在设计元大都时，胡同多依水井而建。老北京有许多胡同的名字读起来令人奇怪，用汉语无法解释。其实，把这些胡同的名字翻译成蒙古语就好解释了。比如，"屎壳郎胡同"，怪怪的，甚至有点难听，但其蒙古语的意思却是"甜水井"，说明这个胡同临近一个甜水井；"墨河胡同"，意为有味儿的井，说明井水有些怪味；"蚂螂胡同"，意思是专供牲畜饮水的井，说明附近是交通要道，拉车的牲畜常常利用这里的水井饮水。另外，北京很多公园里的湖泊都被称为"海"，什么北海、中南海、什刹海等。此处的海并非"大海"的意思，而是蒙古语里的"海子"的简称，也就是湖泊、较大的水面的意思。

北京胡同

什刹海

再比如，满族入主北京后，给北京人的服饰文化带来了很大影响，北京人的服饰从原来宽衣大袖的汉服改为满族人的马褂和旗袍。男人穿马褂显得干净、利落，女人穿旗袍则显得雍容华贵。孙中山先生建立中华民国以后，马褂和中山装成了中国男人的国服，而改良后的旗袍则成了女性的国服。

另外，在北京的园林、食品、风俗等等方面都可以找到外来文化影响的痕迹。

可贵的是，对于外来文化，北京并非全盘地照搬照抄。而是先拿来，再改造，最后使它们变成独具特色的京味文化。孔子曾说：

君子和而不同，小人同而不和。

——《论语·子路》

北京就像一位宽厚的君子，以它的博大、开放和包容，在欣赏本地文化的同时，也能欣赏、尊重、主动接纳其他的外来文化，从而形成"和而不同"的北京文化。

结　语

　　六大古都讲到这里就要结束了。正如我们看到的那样，六大古都保留着中华民族连绵不断的文化基因，保留着各民族团结和睦的历史记忆。她们如同六颗明珠，串起了中国历史，串起了中华文明！她们虽历经风雨沧桑，但依然显得那么遥远而又亲切，古老而又鲜活！所以，我们要感恩古都，敬畏古都！

　　当然也要祝福古都！因为六大古都都同样面临一个重大问题：老城区保护与城市持续发展的矛盾！

　　著名建筑学家梁思成先生生前曾经为北京老城区保护奔走呼号。在上个世纪五、六十年代，北京城因为城市改造要把古城墙、城楼拆掉的时候，他曾痛心疾首地说："拆掉北京的一座城楼，就像割掉我的一块肉；扒掉北京的一段城墙，就像剥掉我一层皮"！他甚至还曾经勾画出一幅沿北京老城墙建立一个"空中花园"的蓝图，他的设想是这样的：

在环绕北京的老城墙上面，建立空中花园，栽植花草，再安放些圆椅。夏季黄昏，可供数十万人纳凉游憩。秋高气爽的时节，登高远眺，可以俯视全城；可以欣赏西北苍茫的西山，东南无际的平原。还有，城楼、角楼等可以辟为陈列馆、阅览室、茶点铺。这样一个环城立体公园，将是全世界独一无二的！

这是一幅多么美好、多么富有中国古都特色的"空中花园"呀！遗憾的是，梁先生的梦想在北京永远无法实现了，因为北京的老城墙已不复存在！

但梁先生的梦想可以在其他古都实现，比如南京、西安、开封，因为这三大古都都保留有相对完好的古城墙。但愿有一天梁先生的梦想能够在南京、西安和开封变成现实！

附：历代建都北京一览表

政权名称	起止时间（年）	都城类型	文化遗存和景观
战国燕	前403~前226	割据分裂时期都城	1. 世界文化遗产，5A景区：故宫博物院、颐和园、天坛公园、八达岭长城、慕田峪长城、明十三陵
前燕	350~357	割据分裂时期都城	
大燕	756~911	割据分裂时期都城	
金	1153~1214	少数民族政权都城	2. 世界文化遗址：周口店"北京人"遗址
元	1260~1368	统一王朝都城	3. 5A景区：恭王府、鸟巢、水立方、北京奥林匹克公园
明	1403~1644	统一王朝都城	
清	1644~1911	统一王朝都城	4. 4A景区：圆明园遗址公园、元大都城垣遗址公园、国子监（孔庙）、北海公园、景山公园、香山公园
中华民国	1912~1928	统一王朝都城	
合计	903		

注：中华人民共和国建都北京年代未计算在内。